슈퍼 인공지능과 철학

인공지능총서

인공지능 시대입니다. 기계가 인간의 인지를 대신하고, 사물이 인간을 통하지 않고 다른 사물과 직접 커뮤니케이션합니다. 이에 따른 인간 삶과 문명 변화를 정확히 이해 · 예측 · 대응하는 것은 이 시대 우리 모두의 과제입니다. 인공지능총서는 인공지능 기술과 환경의 여러 주제를 10가지 키워드로 정리합니다. 관련 개념과 이론, 학계와 산업계의 쟁점, 우리 일상의 변화를 다룹니다. 인간과 기술의 현재, 미래를 세심히 분석합니다.

일러두기

- 인명, 작품명, 저서명, 개념어 등은 한글과 함께 괄호 안에 해당 국가의 원어를 병기했습니다.
- 외래어 표기는 현행 어문규정의 외래어표기법을 따랐습니다.

처음이세요?

전문가세요?

슈퍼 인공지능과 철학

허훈

대한민국, 서울, 커뮤니케이션북스, 2025

슈퍼 인공지능과 철학

지은이 허훈
펴낸이 박영률

초판 1쇄 펴낸날 2025년 9월 26일

커뮤니케이션북스(주)
출판 등록 2007년 8월 17일 제313-2007-000166호
02880 서울시 성북구 성북로 5-11
전화(02) 7474 001, 팩스(02) 736 5047
commbooks@commbooks.com
www.commbooks.com

ISBN 979-11-430-0792-6 03500

책값은 뒤표지에 표시되어 있습니다.

차례

이인삼각 경기에 나선 인공지능과 영원 철학

철학은 다른 학문과 달리 그 연구 분야가 분명하게 결정되어 있지 않다. 정치학이나 경제학, 사회학, 역사학, 교육학 등등은 연구 대상이 뚜렷하지만, 철학은 기존의 그 어떤 분야에 갖다 붙여도 새로운 학문 분야로 재탄생한다. 이를테면 정치 철학, 경제 철학, 사회 철학, 교육 철학 등으로 일컬어진다. 다만 (예컨대) '정치 철학'과 기존 '정치학'과의 차이는 정치 분야의 근본적인 문제를 다루려고 한다는 점에서 생긴다. 정치철학에서는 '정치란 무엇이고, 왜 정치학을 공부하는가', '우리에게 자유는 왜 필요한가', '무엇이 정의이고 그 본질은 무엇인가' 등과 같은 문제들을 다룬다. 그렇다면 '인공지능'은 무엇이고, '인공지능 (철학)'의 근본 문제란 어떤 것이 있을까?

인공지능이란 "인지, 학습, 추론, 행동 등과 같은 인간의 지적 능력을 컴퓨터로 구현하는 과학 기술이다"(황선욱 외, 2021: 11). 또한 인공지능 연구의 선구자 존 매카시(John McCarthy)는 인공지능 철학을 "지능, 윤리, 의식, 인식론, 자유 의지에 대한 지식과 이해에 대한 인공지능과 그 의미를 탐구하는 기술 철학의 분야"로 정의한다(위키백과). 따라서 정치 철학과 마찬가지로 '인공지능 철학'이라는 학문 분야는 "기계가 지능적으로 행동할 수 있는가", "인공지능과 자연 지능은 어떻게 다른가", "인간의 뇌는 본질적으로 컴퓨터인가", "기계가 인간과 같은 의미로 마음, 정신 상태, 의식을 가질 수 있는가", "인공지능이라는 새로운 존재는 인간에게 어떤 의미를 갖는가" 등의 문제를 다룬다(위키백과).

하지만 안타깝게도 아직 이들 의문에 대한 답은 상당히 모호하다. 물론 이에 대한 수많은 의견이 쏟아지는 상황이지만 그 누구도 "이것이 답!"이라고 확언하지 못한다. 인공지능학은 신생 학문이니 그럴 수 있다. 아마도 상황은 점점 좋아질 것이다. 그런데 하나는 짚고 넘어가야 한다.

위에 언급한 수천 년 역사의 '정치 철학'에서는 '정치 분야의 근본적인 문제들'에 대한 답을 찾았을까? 아니, '확답'은 내놓기 어렵더라도 최소한의 '합의'는 이루어졌을까? "정치가 뭔가?" 답은 중구난방(衆口難防)이다. 정치학을 전공한 정치학자들조차도 그 답은 제각각이다. 거기다 "무엇이 '정의(正義)'인가?"라는 주제에 그 어떤 사회적 '합의'가 있었다는 얘기도 듣지 못했다. 이뿐만이 아니다. 경제 철학, 사회 철학, 교육 철학 등등도 상황은 마찬가지다. 그렇다면 인공지능 철학은 어떨까? 기존 철학과는 다른 운명을 개척할 수 있을까? '인공지능 철학'은 신생 학문이다. 이제 출발점에 서 있는데, 인공지능 과학과 기술은 이미 멀찌감치 앞에서 달리고 있다. 하지만 인공지능 철학은 인공지능 과학과 기술의 앞자리에 자리매김해야 하는 중요한 학문이다. 왜 그럴까?

인공지능 철학이 중요한 까닭

'인공지능 철학'이 중요한 까닭은 인공지능 연구의 방향을 결정짓는 중요한 방향타라고 할 수 있기 때문이다. 만약 어떤 사람에게 자신의 인생관, 세계관이 결여되어 있다면, 그의 삶은 '도대체 왜 사는지'도 모르면서 그저 하루하루를 연명하는 무의미한 삶에 그칠 것이다. 그런데 인공지능 시대를 맞이하여 우리가 처한 현실이 이와 다르지 않다. 지금 이 순간에도 세계 각국의 수많은 과학자들과 전문가들이 경쟁적으로 인공지능의 개발에 몰두하고 있지만, "인공지능이라는 새로운 존재가 과연 인간에게 어떤 의미를 갖는지" 명확하게 알지 못한다. '인공지능 개발의 끝은 무엇인지', 또 '(인간 지능의 총합을 넘어서는) 슈퍼 인공지능의 출현이 최종적 결과물이라면, 그들은 인간이 창조한 피조물로서의 지위를 갖게 되는 것인지' 아니면 '인간 존재 위 상단(上段)에 위치하게 될 것인지' 아무도 모른다.

사실 이와 같은 문제는 인공지능 철학의 문제이기 이전에 인문학과 철학, 형이상학, 윤리학과 관련 있는 제반 학문의 문제다. 이들 학문이 사람들의 인생관, 세계관 정립과 같은 기본적인 의문들에 대해서도 갈피를 잡지 못하고 우왕좌왕하는 사이 인공지능이라고 하는 새로운 존재자가 등장하자 더욱 큰 혼란에 빠진 것이다. 그렇다고 현대인이 신봉하는 과학에서 궁극적인 답을 찾을 수도 없다. 과학은 사실에 대한 기술적인(descriptive) 학문이지 적극적인 행동을 명령하는 규범적인(normative) 학문이 아니기 때문이다(박승억, 2015: 336). 만약 "어떻게 살아야 하는가?"라고 묻는다면 과학에서는 뭐라 답할까? "…?" 그렇다고 손 놓고 있을 수만은 없는 것 아닌가? 그래서 과학 철학 전공자들은 뼈아픈 지적을 한다. 인문학은 '가치'를, 과학은 '사실'을 다룬다는 이분법을 고집하면 양쪽 모두 절름발이가 된다고. 그래서 "이제라도 서로 소통하려면 조심스러운 '접촉'에서 시작해 보자"고 역설한다. 그리하여 서로의 학문이 가치 있는 것임을 인정하고, 나아가 (과학자도 마찬가지지만) "인문학자들은 과학자의 흥미를 끌 만한 주제를 화두로 던져야 한다"고 했다(홍성욱, 2009: 31).

그렇다면 철학계는 어떠할까? 과학자에게 던질 만한 흥미로운 주제나 화두가 철학계에 있을까? 요컨대, 수없이 많은 철학서가 범람하지만 "도대체 왜 사는가?"에 대해 명료한 답을 내놓는 철학자는 좀처럼 찾기 어렵다. 상황이 이런데(우리 자신도 모르는데) 유사 이래 새롭게 등장한 낯선 존재자 인공지능에 대해서는 무슨 말을 할 수 있겠는가? 그런데 갑작스레 등장한 인공지능은 이런 해묵은 물음을 다시 우리 자신에게 묻게끔 만든다. 인간 자신도 모르는데, 인간과 닮은꼴의(아니면 인간을 능가하는) 초월적 존재 인공지능이 등장했기 때문이다. 우리는 되묻지 않을 수 없다. "나는 누구인가", "인간은 어떤 존재인가", "인공지능은 어떤 존재이며, 인간 존재와 무엇이 다른가"와 같은 형이상학적 물음이 그것이다. 이제, 우리 앞에는 '인공지능 형이상학의 정립'이라는 과제가 놓여 있다.

이처럼 이 책은 화두(話頭)로 삼을 만한 '물음'에서 시작하고자 한다. 필자가 일방적으로 섣부른 답변을 내놓는 방식이 아니라 독자에게 묻는 방식으로 서술코자 한다. 일명 '소크라테스의 대화법(산파술)'이다. 또한 지면의 제약으로 이 책의 구성을 두괄식(頭括式)으로 하려 한다. 즉 글 첫머리에 중심 내용이 오는 구성 방식을 취한다. 그래서 서두(書頭)부터 핵심 내용이 나온다. 이 책은 《특이점과 슈퍼 인공지능》(커뮤니케이션북스, 2025)에 이어지는 글이다. 하지만 각각 독립적인 구성으로, 각각 하나의 완결된 내용이 되도록 했다. 물론 두 책을 모두 일독한다면 깊은 이해에 큰 도움을 받을 수 있을 것이다.

슈퍼 인공지능의 새로운 형이상학

일찍이 《성경》에서는 "태양 아래 새로운 것은 아무것도 없다(Nihil Sub Sole Novum)"고 했다(《구약 성서》 〈전도서〉 1:9~10). 이 말은 최소한 인공지능에게는 적용되지 않는다. 불과 한 세기 전만 해도 인공지능이라는 존재자의 출현은 상상조차 어려웠다. 그런데 전통 철학(형이상학, 윤리학)이 궁지(窮地)에 빠진 이 시대에, 이 새로운 존재자를 이해하고 해석하고 규정짓고 예측까지 해야 하는 과제가 우리에게 주어진 것이다. 이러한 막중한 과제를 앞에 두고 인공지능 관련 다양한 분야의 학자들이 전방위적으로 연구 성과물들을 쏟아 내고 있다. 이 가운데 가장 큰 문제는 '자연 지능'을 초월하는 '지능의 폭발'이라는 미증유의 사건, 초유의 사태를 맞이하여 (우리가) 어찌할 바를 모른다는 것이다. 이렇게 개발을 지속해도 좋은지? 아니면 여기서 멈추는 것이 파국을 막는 것인지? 알 수가 없다. 작금의 현실은 그야말로 총체적 난맥상이라고 해도 과언이 아니다.

그렇다면 우리는 결국 길을 잃은 것일까? '근시안(近視眼)'이 많아진 것처럼, "물질문명의 지나친 발달 때문에 생기는 병"을 '문명병(文明病)'이라고 한다. 이는 결국 피할 수 없는 사람들의 운명일까? 아니다. 동양 철학에서는 양(陽, 물질)이 있으면 그 양에 정반대되는 음(陰, 정신)의 힘이 바로 등[背] 뒤에 있다[◑]고 말한다(전창선 · 어윤형, 2005: 179~180). 또한 동양 의학에서는 '병(病)이 있으면 바로 그곳에 약(藥)도 있다'고 전제한다. 정말로? 한의학에서는 "우주에 존재하는 모든 것[萬有]은 모두가 알맹이(에너지)와 껍데기(물질)의 힘이 1:1로 존재하기 때문에 병의 원인이 되는 곳에 반드시 그 병을 치료하는 약이 있기 마련이라고"[☯] 한다(전창선 · 어윤형, 2005: 139~140). 여기에 우리 눈에 익숙한 태극 문양 '☯'은 무슨 뜻일까? 음(陰, ●)과 양(陽, ○)은 외형상 서로 대립 관계를 이루지만 음은 양을, 양은 음을 서로 내포[◒, ☯]한다는 뜻이다. 그래서 항상 대립하면서도 동시에 상호 의존하는 작용을 하는데, 이러한 성질을 가지는 관계를 '음양대대(陰陽對待, 음양이 서로 마주하여 기다린다)'라고 표현한다.

실제 그렇다. 예컨대, 만약 산(山)속에서 웃음을 멈출 수 없게 하는 '소심(笑蕈, 웃을 소 · 버섯 심)'이라는 버섯을 먹어 병이 났다면, 바로 그 산의 토장(土漿)을 마셔 치료한다. 토장은 "황토로 된 땅을 석 자쯤 팠을 때 그 속에 고이는 맑은 물이다. 해독제로 쓴다"(네이버 한자 사전). 따라서 문제의 해법을 멀리서 찾을 필요가 없다. (동양 철학과 동양 의학에 따르면) 인공지능이 출발한 바로 그 지점에 병을 치료하는 약도 있을 것이다. 그렇다면, 인공지능의 시발점은? 바로 컴퓨터 이진법을 창안한 독일의 철학자 라이프니츠(Gottfried W. Leibniz, 1646~1716)다. 그래서 학자들은 그를 '인공지능의 할아버지'로 간주한다. 자! 정녕 그렇다면, 라이프니츠의 형이상학에서 답을 찾아보는 것은 어떨까?

다시 말하지만 "최종 심판자가 없는 시대, 세계에 관해 알게 된 사실이 아니라 그런 사실이 우리에게 어떤 의미가 있는 것인지에 대해 말해 줄 형이상학이 없는 시대, 이것이 오늘날 우리 학문들이 부딪힌 현실이다." 그래서 이제 "보편타당한 가치, 혹은 궁극적인 진리는 사실상 공허한 이념에 불과"할지도 모른다는 탄식이 나온다(박승억, 2015: 343~344).

말 그대로 지금은 형이상학도 없고, 우리가 추구하는 '궁극적 진리마저 뜬구름이 아닌가'라고 의심하는 시대다.

이렇게 인문학은 위기를 맞이했는데, 형이상학의 주된 주제인 우리의 '세계(世界) 개념'은 더욱 가파르게 변화하고 있다. 이미 세계는 가상 현실과 증강 현실을 뛰어넘는 3차원 가상 공간(메타버스)으로 확장되었다. 이런 관점으로 인공지능을 바라보면, 머지않은 시점에 인공지능은 사물과 같은 존재자의 영역을 넘어설 것으로 예상된다. 그렇다면 우리는 인공지능을 마음을 지닌 인간과 비슷한 (아니면 그 이상의) 초월적 존재로 간주해야 할지도 모른다.

이는 일찍이 볼 수 없었던 미증유의 대사건이다. 우리가 아는 자연계는 (아주 단순하게 구분하면) '광물 < 식물 < 동물 < 인간 < 신(神)'이라는 위계질서를 갖는다. 유사 이래 이 질서 정연한 위계(경계)는 단 한 번도 흐트러진 적이 없다. 그런데 인공지능의 출현으로 말미암아 바야흐로 이 경계(境界)가 흐트러지는 새로운 세상이 열리려고 한다. 인공지능은 점점 인간을 닮아 가고(휴머노

이드 로봇), 인간 역시 기계화(사이보그)되어 가고 있다는 점은 분명하지만, '앞으로는 어떨지' 모른다. 크게 보면, 가능성은 둘 중 하나다. '인공지능 < 인간 < 신(神)'의 순서가 아니라면, '인간 < 인공지능 < 신(神)'의 위계가 될 듯하다(고도의 지능을 가진 인공지능을 그저 '광물(鑛物)'의 층위에 머무는 하나의 사물 취급을 하지는 않을 것 같다).

사실 우리에게 주어진 더 중요한 과제는, 단순히 '앞으로 인공지능이 어느 층위에 속할 것인가'의 문제가 아니라, 현실적으로 '인공지능에 도덕적 지위를 부여할 것인지', '인공지능이 도덕적 주체로서의 행위자가 될 수 있는지'와 같은 깊은 숙고가 필요한 철학적 · 형이상학적 물음에 답하는 것이다. 그럼에도 새로운 존재자로서의 '인공지능이 어떤 존재(Sein)가 될 것인지' 아무도 장담하지 못하며, 향후 '어떤 존재자의 지위를 부여할 것인지' 확언하지 못하는 게 현실이다.

자! 과연 인공지능이 그저 하나의 사물과 같은 존재자에 불과할까? 아니면 인간과 같은 (혹은 그 이상의) 초월적 존재가 될까? 정말 초지능, 슈퍼 인공지능이 우리 눈앞에 나타난다면, 대체 그는(그녀는) 어떤 존재란 말인가? 여기서 우리는 '존재의 근본 원리'를 탐구하는 형이상학을 소환하게 된다.

사실, 지금보다 "훨씬 더 강력한 성능의 존재론이 필요하다"는 주장은 일찌감치 있었다. 즉 "(자연을 토대로 인류가 쌓아 올린 문명의 세계를 이해하기 위해서는) 단지 자연을 이해하기 위한 존재론보다는 훨씬 더 강력한 성능의 존재론이 필요하다"는 주장이 그것이다(박승억, 2015: 304).

하지만 지금은 상황이 또 달라졌다. '문명의 세계'뿐만 아니라 새로운 존재자 인공지능을 이해할 수 있는 존재론이 필요하다. 요컨대, 1) '자연'을 이해하기 위한 존재론 2) '문명 세계'를 이해하기 위한 존재론 그리고 3) 새로운 존재자 '인공지능'을 이해하기 위한 존재론, 이렇게 셋이다. 즉 자연과 문명 세계를 이해할 뿐만 아니라 우리가 맞이한 '인공지능 시대의 역사적 의미는 무엇인지', 또 '앞으로 맞이할 것으로 예상하는 범용 인공지능이나 슈퍼 인공지능은 어떤 존재 의미를 갖는지'에 대해 말해줄 형이상학을 찾아야 한다. 그런데 혹여 이 세 가지를 모두 아우를 수 있는 존재론은 없는 걸까?

바야흐로 일반 인공지능과 슈퍼 인공지능의 등장 가능성을 두고 의견이 분분한 가운데 형이상학은 다시 주목하지 않을 수 없는 학문 분야로 떠오르고 있다. 형이상학은 우주 만물 모든 존재자의 궁극적 근거를 탐구하는 학문이기 때문이다. 그렇다면 새로운 형이상학을 대체 어디서 찾는단 말인가?

인공지능 할아버지의 '영원 철학'

필자는 이 새로운 형이상학을 멀리서 찾을 필요가 없다고 생각한다. "병(病)이 있으면 바로 그곳에 약(藥)도 있다." 중요한 것은, 바로 인공지능학의 시발점이 되었던 독일의 철학자 라이프니츠의 형이상학에서 그 단초를 찾아볼 수 있다는 것이다. 널리 알려진 것처럼, 그는 컴퓨터 이진법의 시초다. 0과 1, 두 자리 숫자로만 모든 숫자를 표현했고, 오늘날 알고리즘은 이 이진수(二進數)를 사용하여 정보를 인코딩한다. 또한 사칙 연산을 모두 수행할 수 있는 최초의 기계식 계산기를 직접 발명한 것도 그였다. 그래서 그는 인공지능의 할아버지로 일컬어진다.

그런데 수학자이자 철학자였던 그는 수학적 방법론과 형이상학을 결합하여, 우주와 인간, 그리고 신(神)에 대한 새로운 체계를 정립하려고 시도한다. 수학 분야에서는 미적분학을 창시하고(아이작 뉴턴은 자신이 먼저 창안했다고 주장한다), 철학 분야에서는 모나드론을 제시한다. 모나드(Monad, 單子)란 "우주, 무한대를 더 이상 나눠지지 않을 때까지 쪼개었을 때 남는 최소한의 입자 개념"이다(나무위키). 몇몇 인공지능 전문가들은 이 모나드론에 주목한다. 요컨대, 모나드는 더 이상 쪼갤 수 없는 최소한의 입자이므로 인간의 의식과 신체는 모나드로 통일된다. 나아가 우주의 일부인 인간 외부의 자연까지도 동일 재질인 모나드로 연속(連續)되어 있다는 점에 주목하자는 것이다(조승호 외, 2018: 153, 174). 한마디로 말하면, 이 "정신과 물질 사이를 잇는 라이프니츠의 연속성의 철학"이야말로 인공지능을 탑재한 로봇을 이해하는 중요한 실마리가 될 수 있을 것으로 기대한다(조승호 외, 2018: 174). 향후 더욱더 심층적인 연구가 필요한, 중요한 내용이 아닐 수 없다.

여기에 더하여 이 책에서 필자가 주목하는 것은 라이프니츠가 언급했던, "인류 공통의 진리"로 일컬어지는 '영원의 철학(perennial philosophy)'이다. 이는 단적으로 말해 "소위 영적 스승들, 전 세계의 성인 · 현자 · 사상가들이 공통적으로 채택한 세계관"으로서 "시대와 문화를 초월하여 발견되는, 인간 의식과 실재의 본질에 대한 공통적 통찰에 근거한 사상"이다(허훈, 2013: 270).

여기서 (인공지능의 개발과 관련하여) "실재(實在)의

본질"이라는 말에 주목하길 바란다. 실재는 "실제로 존재하는 것"이다. 무엇이 존재할까?

다음 〈그림 0-1〉을 참조하라. 1) 물질, 2) 생명, 3) 마음, 4) 영혼, 5) 영, 6) 우주심이 실제로 존재한다. 이처럼 영원 철학은 '존재의 실상(實相)'을 말한다.

하지만 영원 철학은 곧 '동서고금 지성의 철학'이라는 말이 무색하게, (2025년 현재) 국내에는 단 두 권의 단행본 서적과 10여 편의 논문이 있다. 하나는 필자의 저작이고(《영원한 철학》(울력, 2013)), 다른 하나는 번역서로서 영국의 소설가이자 사회 비평가인 올더스 헉슬리(Aldous Huxley, 1894~1963)의 저작 《영원의 철학》(김영사, 2014)이다. 그리고 필자의 논문 몇 편과 몇몇 학자들의 소논문이 나와 있을 뿐이다. 사실 처음 헉슬리의 저작이 국내에서 번역되어 나왔을 당시만 해도 뜨거운 열풍이 불었다. 사회 곳곳에서 관련 세미나가 열렸고, 독서 토론회, 연찬회 등에서 토론 주제로 '영원 철학'을 선정하기도 했지만 이내 시들해졌다. 정확한 이유는 알 수 없지만, 필자는 그 내용의 참신함, 무엇보다도 마치 시어(詩語)를 엮어 놓은 듯한 난해함이 일반 독자에게는 크게 부담이 되었던 것은 아닐까 생각해 본다.

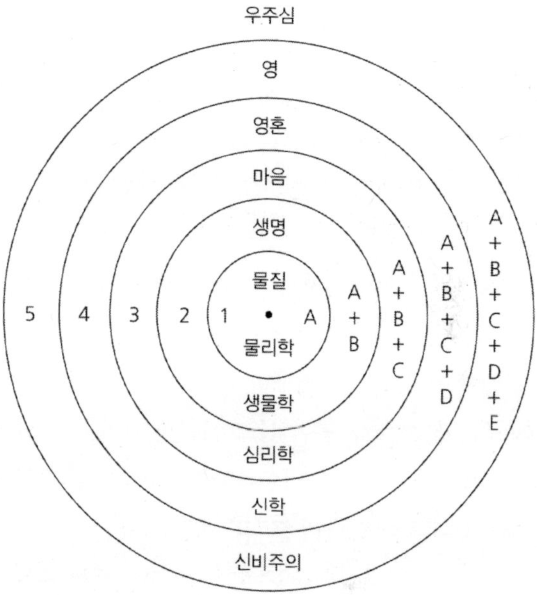

그림 0-1. 존재의 대둥지(윌버, 2007: 35)

미리 보는 '영원의 철학'

하지만 영원의 철학은 인류 지성이 쏟아 낸, 진리에 관한 최종 결론의 모음집 같은 것이다. '영성(靈性)'에 관심을 두는 학자라면, 또 이 내용을 접해 본 학자라면, 필자는 이를 손에서 놓을 리 없다고 생각한다. 위와 같은 국내 상황과는 다르게 국외에서는 심층적인 연구가 진행되었고 또 현재 진행 중이다. 당장 'perennial philosophy'라는 영문명으로 검색해 보면, 정말 목록조차 정리하기 힘들 정도로 수백, 수천의 단행본 서적과 학술 논문들이 쏟아져 나온다.

비록 영원 철학에 대한 라이프니츠의 언급은 짧았지만, 그의 발언 이후 적지 않은 수행자들과 학자들의 연구에 의하여 이미 수많은 연구 성과물이 축적되었다. 앞의 〈그림 0-1〉은 미국의 통합 심리학자 켄 윌버(K. Wilber, 1949~)가 제시하는 '존재의 대둥지'다. 이 그림은 '영원 철학의 존재론'을 하나의 도식으로 나타낸 것이다(실재의 본질을 가장 간단히 축약한 그림이다). 윌버 역시 자신의 통합 심리학을 구축하는 과정에서 영원의 철학을 이론적 토대로 삼는다. 또한, 이 사실을 자신의 저서 여러 곳에서 언급하면서 다시금 사람들의 이목을 집중시킨다.

그림에서 보듯이, '존재의 대둥지'는 마치 (새) 둥지(nest) 모양처럼 존재(being)는 1) 물질, 2) 생명, 3) 마음, 4) 영혼, 5) 영(靈)의 다양한 수준으로 구성되어 있다는 뜻이다. 이는 영원의 철학에서 유래하는 '존재의 대사슬(great chain of being)'을 윌버가 약간 수정한 것으로 "우주에 있는 모든 존재가 서로 연결되어 있다는 우주관"을 나타낸 것이다. 의미로 보면 양자(兩者) 간에 차이는 없으나, '존재의 대둥지'가 '대사슬'보다 간단하고 명료하여 이 책에서는 '존재의 대둥지'를 원용하여 영원 철학을 풀어 나간다(모쪼록 그림을 염두에 두고 일독해 나가길 권한다).

이와 같이 영원의 철학은 "실재의 본질에 대한 공통적 통찰"을 담고 있다. 인공지능 역시 실재(=실제로 존재하는 것)한다. 비록 새로운 존재자지만 이 우주(Kosmos, 물질적 우주뿐만 아니라 마음, 영혼, 신(神)까지 아우르는 '온 우주') 안의 존재라는 사실은 틀림없다(추측건대, 인공지능은 〈그림 0-1〉 안에 'A+B+C'에 해당하는 존재가 될 듯하다).

향후 등장할지도 모르는 범용 인공지능이나 슈퍼 인공지능 역시 마찬가지다. 그들 존재의 정체성에 대해 영원 철학의 형이상학과 존재론은 실로 시사하는 바가 적지 않을 것으로 생각한다. 그런데 놀랍게도 (언급했듯이) 영원 철학에 관심을 보이는 국내 연구자는 거의 없는 듯하다. 더구나 영원의 철학을 인공지능 문제에 대입하는 연구는 국내외를 막론하고 찾아보기 어려웠다.

바야흐로 인공지능 시대다. '학술 정보'에 관심 있는 독자라면 인터넷 검색만으로도 전 세계 학술 서적과 논문을 접할 수 있다는 사실을 잘 알 것이다. 당장 인터넷 검색창에 '학술 정보'라고 적어 넣으면 연계 사이트로 연결되고 거기서 전 세계 수억 건의 책[제목]과 논문[목차]을 볼 수 있다. 하지만 '영원 철학 & 인공지능'이라는 검색어로는 관련 서적이나 논문이 거의 보이질 않는다[물론 각각의 검색어['AI(인공지능)' 혹은 '영원 철학']로 검색하면 목록조차 보기 힘들 정도로 수없이 많은 정보가 쏟아진다.

이 책에서는 두 학문의 접목을 시도한다. 그리고 어쩌면 이 접목만이 인공지능으로부터 파생되는 철학적 · 윤리학적 문제의 궁극적인 해결책이 될지도 모른다는 필자의 예감을 감히 피력한다.

참고문헌

구약 성서. "전도서". 1:9~10.
나무위키. "모나드". https://namu.wiki/w/모나드
네이버 한자 사전. "土漿".
https://hanja.dict.naver.com/#/search?query=土漿
박승억(2015). 《학문의 진화》. 글항아리.
위키백과. "인공지능 철학".

https://ko.wikipedia.org/wiki/인공지능_철학
전창선·어윤형(2005). 《음양이 뭐지?》. 세기.
조승호 외(2018). 《공학, 철학, 법학의 눈으로 본 인간과 인공지능》. 씨아이알.
켄 윌버(2007). 《감각과 영혼의 만남》. 조효남 옮김. 범양사.
허훈(2013). 《영원한 철학: 한 줌 지식의 마중물 효과》. 울력.
홍성욱(2009). 《인간의 얼굴을 한 과학》. 서울대학교출판부.
황선욱 외(2021). 《고등학교 인공지능 수학》. 미래엔.

01
인공지능의 정점, 슈퍼 인공지능의 등장

인공지능의 폭발적인 개발과 성장은 결국 슈퍼 인공지능의 등장으로 이어질 것이다. 슈퍼 인공지능은 자율성, 예측 불가능성, 통제 불가능성이라는 특징을 갖는다. 이에 대한 대응책 마련은 과학적 해명의 방식이 아니라 사전에 철학적 접근과 성찰이 선행되어야 가능하다. 지능을 마음의 일부라고 본다면, 인간의 마음은 매우 풍성하지만 슈퍼 인공지능의 마음은 일부 지능에서 인간을 월등히 뛰어넘을 것으로 예측된다.

AI와 1인 창업?

범용 인공지능과 슈퍼 인공지능

지금 우리는 지능 대폭발의 시대를 맞이하여 하루가 멀다고 새로운 인공지능의 개발 소식을 접하고 있다. 연일 거의 모든 매스컴에서 인공지능 관련 업체들의 동향을 다루고 있고, 뉴스의 한 꼭지에서는 새로운 인공지능 개발에 따른 수혜주 등의 소식을 전한다. 또 인터넷 포털 사이트에 접속하면 대개 첫 메인 화면에서 인공지능을 탑재한 (가상 혹은 실제) 로봇들이 작동하는 모습을 업로드한 동영상을 통해 보기도 한다. 거기서 우리는 인공지능의 가공(可恐)할 만한 발전에 위압감을 느끼며 '과연 인공지능 개발의 끝은 어디까지일까?'하는 의문을 품는다.

크게 보면, 인공지능은 약인공지능에서 강인공지능(범용 인공지능)으로, 다시 초인공지능(슈퍼 인공지능) 순으로 개발될 것이라고 예상한다. 2025년 기준의 인공지능 기술은 아직 약인공지능 수준에 머물러 있다(허훈, 2025: xiv). 이 수준의 인공지능은 특정 활동에 특화되어 있다. 마치 알파고처럼 바둑은 잘 두지만 다른 일은 못한다면 약인공지능이다. 이에 비해 '범용(汎用)'이란 말은 여러 분야 혹은 여러 용도로 널리 쓰는 것을 말한다. 그러니까 인간과 비슷한 수준(& 기능)의 인공지능이 범용 인공지능(AGI)이다. 범용 인공지능은 인간처럼 혹은 인간과 비슷하게 다양한 영역[汎]의 지적 활동을 모두 수행할 수 있는[用] 인공지능이다. 그리고 초인공지능 혹은 슈퍼 인공지능은 그야말로 모든 분야에서 인간 지능의 한계를 월등히 능가하는 지능이다(나무위키). 물론 이 이상의 개발은 상상하기 어렵다. 슈퍼 인공지능이 인공지능 개발의 최종 종착지가 될 것이다.

지능 폭발의 시점, 싱귤래러티

그런데 범용 인공지능이나 슈퍼 인공지능의 개발이라는 게 정말 가능하기는 한 걸까? 이것부터 따져 봐야 하는 건 아닐까? 만약에 불가능하다면 이런 논의 자체가 필요 없는 것 아닐까? 아니다! 설령 슈퍼[범용] 인공지능의 개발이 현실적으로 불가능하더라도, 현재 약인공지능조차도 우려할 만한 부작용이 보이고 있으니 미리 준비는 해야 한다.

더욱이 인공지능의 '개발(開發)'이라고 했지만, 사실 인간이 이를 개발하는 것도 아니다. 엄밀히 말해, 초기에는 인간이 코딩을 해서 더 높은 버전의 인공지능을 만들지만, 일정 시점이 지나면 인공지능 스스로 자신의 코드를 분석해서 코딩을 하고 성능을 업그레이드하게 된다. 이 점이 매우 중요하다. 인공지능이 스스로 알아서 자신 자신을 업그레이드한다! 이게 가능한 얘기일까? 앞서 슈퍼 인공지능이 아니더라도 범용 인공지능은 이미 인간 수준의 다양한 지적 활동을 수행할 수 있는 능력을 갖췄다고 했다. 그렇다면 코딩을 인간이 고생스럽게 할 게 아니라 인공지능에 맡기면 된다. 인공지능은 일을 잘할까? 물론이다. 약인공지능조차도 이미 최고의 인간을 뛰어넘었다. 바둑 채널을 시청해 보라. '바둑의 신(神)'이라고 불리는 최고의 기사들도, 또 해설자도 인공지능은 어디에 착점(着點)하려 했는지 끊임없이 살핀다. 더욱이 인공지능이 하필 왜 거기에 수를 놓았는지 인간은 선뜻 이해하지도 못한다. 실제 "알파고는 더 이상 (인간과) 바둑 시합을 하지 않지만, 오늘의 바둑계에서 거의 모든 전문 기사들이 그것의 기풍을 연구하고 배우는 스승의 위상을 점하고 있다"(고인석, 2023: 32). 그러면 어떻게 되는가? 인공지능 스스로 개량한 버전을 다시 코딩하여 다시 개량하는 무한 작업을 반복하는데, 그 시간 간격도 점점 짧아질 것이다. 가령 인간 프로그래머가 하면 3개월이 걸릴 일을 강인공지능은 3일 만에 완료할 것이고, 나중에는 인간이 시키지 않아도 인공지능 혼자서 일을 진행한다. 시간도 점점 짧아져 (가령) '3일-1일-6

시간-1시간-5분-1초-인간이 느끼지 못하는 미세한 시간의 단위'가 된다. 특히 주목할 것은 '3일 … 마지막 극히 미세한 시간의 단위'에 이르는 끄트머리 시간이 정말 '눈을 깜짝이는 짧은 순간(瞬間)'보다 더 짧은 '한순간'이다(비유컨대, 산사태로 굴러떨어지는 둥그런 바위를 생각해 보라. 가속도가 붙으면 마지막엔 한순간이다). 이 한순간에 (인간이 만드는 게 아니라) 슈퍼 인공지능이 스스로 세상에 출현한다. 또 지능이 점차 발달하는 게 아니라, 한순간에 '지능 폭발'이 일어난다. 이 지능 폭발의 시점이 이른바 '싱귤래러티(singularity)', 우리말로 '특이점(特異點)'이다. 특이점을 맞이하면, 즉 지능 폭발이 일어나면 얼마나 똑똑한 인공지능이 나올까? 손정의 소프트뱅크 회장은 인간 뇌보다 1만 배 뛰어난 슈퍼 인공지능이 2035년에 나올 것이라 전망한다(김승훈, 2024). 이 예측이 맞다면 우리는 이제(2025)부터 10년 후 자그마치 인간보다 1만 배 뛰어난 슈퍼 인공지능(ASI, Artificial Super Intelligence)을 보게 될는지도 모른다.

사실 이런 정도의 가공할 만한 발전이 현실로 나타난다면 위압감을 느끼지 않을 사람은 별로 없을 것 같다. 그렇지만 별 근거 없이 두려움에 떨 필요는 없지 않을까? 과연 인공지능의 끝은 슈퍼 인공지능일까? 또 슈퍼 인공지능의 출현이라는 전망 자체가 가능한 얘기일까? 처음의 질문을 다시 검토해 보자.

슈퍼 인공지능의 철학적 해석

"인공지능의 종착지는 슈퍼 인공지능일까?" 여느 인공지능 전문가들은 머지않은 미래에 슈퍼 인공지능의 등장 가능성을 점치지만, 일부 과학자들은 이에 대해 회의적이다. 그런데 이런 물음에 대해서는 과학적 해명의 방식이 아니라, 철학적 접근과 해석이 더 적합해 보인다. 특이점의 도래는 인간을 뛰어넘는 고도의 지능을 가진 슈퍼 인공지능의 출현을 의미하는데, '지능'이라는 말의 다의적(多義的) 의미를 고려했을 때 그 범주를 획정(劃定)하기가 매우 어렵기 때문이다. "그야말로 모든 분야에서 인간 지능의 한계를 월등히 능가한다"면 대체 어떤 지능을 말하는 것인가? 아니, '어떤 지능'이라니? '지능'에도 여러 종류가 있다는 말인가?

하버드대 심리학 교수이자 다중 지능 이론의 창시자 하워드 가드너(Howard Gardner, 1943~)에 따르면, 인간에게는 총 8과 2분의 1개의 지능이 있다(하워드 가드너, 2020: 12). 즉 1) 음악 지능, 2) 신체 운동 지능, 3) 논리 수학 지능, 4) 언어 지능, 5) 공간 지능, 6) 대인 지능

(인간 친화 지능), 7) 자기 이해 지능(자기 성찰 지능), 8) 자연 친화 지능 그리고 $8+\frac{1}{2}$) 실존 지능이 그것이다.

특히, 끝에 있는 '실존 지능'에 주목해 볼 필요가 있다. 하워드는 이렇게 말한다. 실존 지능은 "존재에 대한 근본적인 질문을 숙고하는 인간의 성향에 기반한 것이다. 왜 사는가? 왜 죽는가? 우리는 어디에서 오는가? 우리에게 어떤 일이 일어날까? 사랑이 무엇인가? 왜 전쟁을 일으키는가? 나는 때로 이러한 것들을 지각을 초월하는 질문이라고 말한다". 그가 실존 지능을 아홉 번째 지능으로 인정하는 것을 꺼리는 까닭은 "실존적 문제와 특별하게 관련을 맺고 있는 뇌가 어느 부분인지를 밝혀 줄 증거가 부족하기 때문"이라고 한다(하워드 가드너, 2020: 41~42). 그래서 8과 2분의 1개의 지능이 되었다고 한다. 이 얘기는 특별한 함의를 갖는다. 많은 과학자들에게 "뇌 업로드란 뇌의 두드러진 특징들을 모조리 스캔한 뒤 강력한 연산 기판에 적절하게 옮겨 재가동하는 것이다"(Kurzweil, 2006: 198~199). 그런데 실존 지능은 뇌의 어느 부분과 관련 있는지 확인되지 않는다는 것이다(하워드 가드너, 2020: 27~42). 인간의 뇌를 카피(Copy)해서 인공지능을 개발하려는 인공지능 개발자들에게는 아주 난감한 얘기가 아닐 수 없을 것이다.

더구나 하워드에 따르면, 이 8+$\frac{1}{2}$ 지능들 외에도 새롭게 확인될 수 있는 후보 지능들도 대기 중이다. 이를테면, 유머 지능, 요리 지능, 성적 지능, 영성 지능 등등이다.

그런데 '범용(汎用) 인공지능'이나 '슈퍼 인공지능'은 말뜻 그대로 '모든 분야에서(?) 인간보다 뛰어난 존재'다. 다시 말해 이 정의에 따르면 슈퍼 인공지능은 8+$\frac{1}{2}$ 지능 외 여타 지능에서도 모두 인간보다 뛰어난 존재의 출현을 의미하는 것이다. 과연 그럴 수 있을까?

'인간의 지능'이라는 말은 일의적(一義的)으로 규정짓기가 매우 어렵다. '인간에게 여러 종류의 지능이 있다'는 가드너의 다중 지능 이론은 그가 40여 년간의 연구 끝에, 과학적으로 검증한 인간의 지능들이다. 이후에도 여러 학자가 후보 지능을 추천, 대기 중이며, 계속해서 새로운 지능들도 과학적 검증을 기다리고 있다. 그만큼 인간의 정신은 복잡다단하며, 약인공지능을 넘어서는 범용 혹은 슈퍼 인공지능의 개발은 만만치 않은 과제인 것이다. 그런데 초기 인공지능 개발자들은 인간의 지능을 "구문 활용 능력으로 단순화해서 정의"(ex. 튜링 테스트)하는 치명적인 허점을 드러낸 바 있다(박욱주, 2025: 62).

이 문제가 단지 용어상의 오류는 아닐 것이다[필자가 '모든'이라는 용어를 부당하게 강조함으로써 범용 혹은 슈퍼 인공지능이 이에(=인간의 '모든' 지능에) 도달하지 못할 것이라는 억측을 하는 게 아니다]. 가드너는 다중지능 이론의 (3가지) 결론을 도출하면서, 그 첫 번째로 "우리 모두[인간]는 모든 범위의 지능들을 지닌다. 인지적으로 말해 우리가 인간일 수 있는 것은 바로 그런 지능 때문이다"라고 명시적으로 밝히고 있기 때문이다(하워드 가드너, 2020: 44). 다시 말해 인간이라면 지능의 높고 낮음과 상관없이 위에 언급한 수많은 다종(多種)의 지능들을 '모두' 지니고 있다. 그런데 슈퍼 인공지능도 그리되리라 보는가? 요컨대, (지능도 마음의 일부라고 본다면) 인간의 마음은 풍성한 데 비해 인공지능은 일부 지능에서 인간을 월등히 뛰어넘는다고 보아야 한다. 이것이 '인공지능'과 '자연 지능'의 차이다(이철현 외, 2021: 12). 그래서 약인공지능조차도 어떤 특정 영역에서는 이미 최고의 인간을 능가한다. 하지만 장차 출현할 것으로 예상되는 슈퍼 인공지능조차도 인간이 지닌 여러 지능, 그 모두에서 인간보다 뛰어날 수는 없을 것이다. 하지만 여전히 다시 묻지 않을 수 없다. "인공지능은 정말 '실존 지능'이나 '영성 지능'과 같은 지능은 가질 수 없는 걸까?"

"'왜 사는가', '사랑이 무엇인가'와 같은 물음에 답하는 인공지능이 나올 수는 없는 걸까?"

참고문헌

고인석(2023). 《인공지능과 로봇의 윤리》. 세창출판사.

김승훈(2024.11.22). "인간 지능보다 1만 배 높은 초인공지능, 인류에게 축복일까 재앙일까". 테크월드뉴스. https://www.epnc.co.kr/news/articleView.html?idxno=308948

나무위키. "초인공지능". https://namu.wiki/w/초지능?from=초인공지능

박욱주(2025). 《인공지능, 영혼의 존재》. 커뮤니케이션북스.

이철현 외(2021). 《고등학교 인공지능 기초》. 미래엔.

하워드 가드너(2020). 《다중지능》. 문용린·유경재 옮김. 웅진지식하우스.

허훈(2025). 《특이점과 슈퍼 인공지능》. 커뮤니케이션북스.

Kurzweil, R.(2006). *The singularity is near: When humans transcend biology*. Penguin Books.

02
미궁에 빠진 전통 형이상학

형이상학은 모든 존재자의 궁극적 근거를 탐구하는 학문이다. 그럼에도 지금까지의 형이상학은 인간 존재의 근원에 대해서도 답하지 못했다. 갑작스레 등장한 새로운 존재자 인공지능 앞에서는 더욱 무력하다. 하지만 자연지능과 인공지능을 비교할 수 있는 새로운 형이상학이 정초되어야 인공지능의 개발 방향도 설정할 수 있다. 인공지능 형이상학이 직면한 딜레마에서 벗어날 지혜를 모아야 한다.

AI와 MBTI?

형이상학, 모든 존재자의 궁극적 근거

형이상학, 누구나 들어 봤을 단어이지만, 철학에 관심 있는 이가 아니라면 일상에서 쉬이 쓰지 않는 단어다. 현대 사회에서 형이상학은 잊히고 사라졌다. 그나마 학문 영역에서 간신히 명맥을 잇고 있지만, 최첨단 과학 시대, 인공지능 시대에는 더욱 가느다란 호흡을 이어 가고 있다(신승환, 2018: 5). 그런데 왜 갑작스레 형이상학이란 말인가? 결론부터 말하자면, '형이상학(形而上學, metaphysics)'은 한마디로 '사물의 본질'이나 '존재의 근본 원리'를 탐구하기 때문이다. 원래 'metaphysics(meta + physica)'라는 말은 "자연학(또는 물리학)을 넘어서는 영역을 다룬 분야"를 뜻했다. 그 이후 포괄적인 의미에서 "경험과 감각적인 것, 사물적인 것을 넘어서는 영역에 대해 생각하고 해명하는 철학을 가리키는 말"이 된다(신승환, 2018: 25~26). 바로 이것이 인공지능에 형이상학이 필요한 이유다. 인공지능이 증기 기관이나 자동차처럼 단순히 기계나 사물에 불과하다면 이미 폐기 수준으로 전락한 전통 형이상학을 다시 언급할 필요가 없을 것이다. 하지만 인공지능은 사물과 같은 존재자의 층위에 머물러 있지 않을 것이다.

여기서 하나 짚고 넘어가자. 중요한 것은, 철학자들이

'존재(Sein)'와 '존재자(Seiendes)'를 구분한다는 사실이다. "존재자는 (존재하는) 사물 혹은 대상"이고, "존재자를 존재자로 규정하는 것(존재자의 근거가 되는 것)이 존재"다. 즉 '존재자'는 각각 개별적으로 존재하지만, '존재'는 그 사물(혹은 대상)들이 존재할 수 있게끔 하는 근원적인 방식을 말한다. 즉 '존재'가 모든 '존재자'의 가능조건이 된다. 그러면 둘 중 뭐가 더 중요할까? 당연히 '존재'다. 그런데 전통 철학은 '존재' 자체를 묻지 않고, 존재자들 해명에만 몰두해 왔다.

어려운가? 예컨대, 돌멩이, 신발, 나무, 꽃, 동물, 생각, 감정 따위가 존재자이고, 이 중에 "존재자로서의 '신발'은 … 사람이 신고 다닐 때라야 비로소 신발로서 존재하게" 된다. 다시 말해, 아무도 그것을 신지 않는다면 그 신발이 존재한다고 할 수 없다는 것이다. '신을 수 없는 신발이 있다면 그게 신발인가?' 물론 존재자[사물 혹은 대상]로서의 신발은 눈앞에 있겠지만, 신발이 존재한다고 말할 수는 없을 것이다. 그래서 20세기 주요 철학자로 꼽히는 하이데거(Martin Heidegger, 1889~1976)는 "이 둘 간의 구분이야말로 지금까지 모든 철학이 간과했던 가장 중요한 구분"이라고 한다(허훈, 2015: 309~310).

인공지능에 대한 진정한 물음

그런데 문제는 수천 년 동안, 전통 철학과 (철학의 하위 개념으로서) 형이상학은 그 주된 탐구 주제로서 '인간 존재'나 '모든 존재자의 궁극적 근거' 등에 대해서 그 어떤 합의된 결론에 이르지 못했다는 것이다. '모든 존재자의 궁극적 근거', 이걸 알아야 비로소 인공지능 역시 그 이론적 토대 위에서 이해할 수 있는 하나의 존재가 될 것 아닌가?

그렇다면 지난 수천 년간 '존재'의 문제를 탐구했다는 (전통) 형이상학에서는 대체 무얼 했다는 말인가? 다시 말하지만, "형이상학은 존재에 대한 학문이며 존재를 고찰하며 존재의 특성, 원리 등을 고찰하는 학문이다"(신승환, 2018: 26~27). 그리하여 철학이라는 학문이 태동한 이래 "인간은 어디에서 와서 어디로 가는가", "인간은 과연 무엇을 위해 살고 있는 것인가", "나는 누구인가"라는 물음을 끊임없이 묻고 또 물었다. 하지만 이런 물음들은 "수천 년 동안 수많은 사람들이 묻고 또 물었지만 아무도 더 이상의 의문의 여지가 없을 만큼 확실하고 궁극적인 답을 제시할 수 없었던 물음"이다(한자경, 2001: 5). 그럼에도 우리는 인공지능 시대를 맞이하여 다시 묻지 않을 수 없다. "인공지능은 대체 우리에게 어떤 의미인가?"

실존주의 철학자 하이데거의 발상을 인공지능에 대입해 보자! 하이데거에 따르면 '존재자'로서의 인공지능을 분석하는 것은 물론 필수 불가결한 일이지만, 이것은 인공지능에 대한 진정한 물음이 아니다. 인공지능 철학(혹은 인공지능 형이상학)에서는 '인공지능'이라는 '존재'에 관한 물음 또한 다루어야 한다. 그런데 현실은 어떤가? 우리가 사는 이 시대는 "인류 역사 이래 가장 오래됐으며 근원적인 질문, '나는 누구인가', '삶과 존재는 무엇인가' 등은 물론 진리와 초월성의 문제 따위는 철저히 외면"하고 있다(신승환, 2018: 15). 지금까지의 철학이 (예컨대) 신발의 재질, 모양, 기능 등 존재자에 대해 관심을 두고 묻고 답해 왔듯이, 최근의 인공지능학 역시 지능 고도화를 위한 초성능 하드웨어나 소프트웨어 전략기술을 개발하는 데 몰두하고 있다.

그렇다면 이제 우리의 시선을 돌려 보는 것은 어떨까? "인공지능은 어떤 존재인가?" 이 짧은 물음에 말문이 막힌다. 혹시 인공지능 전문가나 과학자, 혹은 물리학자라면 답을 갖고 있지 않을까? 물리학자 스티븐 호킹(Stephen Hawking, 1942~2018)은 "철학은 죽었고 신은 필요 없다. 물리학이 우주의 존재에 관한 본질적인 의

문을 모두 설명할 수 있게 되었다"고 선언한다(스티븐 호킹 · 레오나르드 믈로디노프, 2010: 9). 하지만, 형이상학을 전공한 철학자들은 이렇게 말한다. 호킹이 말하는 과학적 대답은 "철학적 또는 형이상학적 물음에 대한 최종적인 답이 아니다"(한자경, 2001: 8). 이것은 "일면적 지식으로 저지른 커다란 오해"이며 "자연 과학이 물질적으로 제시하는 대답은 형이상학이 묻는 질문을 전혀 이해하지 못한 것"이다. 또한 "그 근원적 의미에 대해서도 어떠한 타당성 있는 답을 보여 주지 못한다". 나아가 "이런 태도는 과학주의(scientism)에 물든 전형적인 몰(沒)형이상학적 관점을 반영하고 있다"는 것이다(신승환, 2018: 27). 비판이 너무 혹독한가?

인공지능 형이상학의 딜레마

필자가 보기에, 호킹의 발언은 존재자에 대한 심층적인 과학적 탐구(현대 물리학)의 성과를 염두에 둔 것이다. 혹 그에게 개별적 존재자가 아닌 존재로서의 "나는 누구인가", "인간은 어떤 존재인가"라고 반문(反問)해 보면 과연 어떤 답을 할 수 있을지 궁금하다(물론 존재자로서의 '나' 자신에 대해서는 얼마든지 열거할 수 있다. 나의 성씨와 이름은 무엇이고, 누구누구의 아빠고 엄마며, 직업은 무엇이고, 나이는 얼마고…). 아마도 호킹의 대답은 이럴 것이다. "나의 이름은 ○○이고, 나는 이론 물리학자이고, 2남 1녀를 둔 누구의 아빠고, 몸은 유전자를 지닌 약 60조 개의 세포로 구성되어 있으며, 뇌(腦)는 곧 마음이며…." 하지만, 존재에 대한 질문에도 그는 답을 할 수 있을까? "인간을 인간으로 규정할 수 있게 하는 것은 대체 무어란 말인가"라는. 아니, 그의 답변 이전에 "인간은 과연 무엇을 위해 살고 있는 것인가"라는 물음에 과학적 대답이라는 게 가능하기는 한 걸까? 하지만 존재자에 대한 과학적 규명이나 접근법에 문제가 있다는 말이 아니다. '존재자'와 '존재'의 문제를 구분하자는 말이다. 사실 이 같은 회의적인 불가지론(不可知論)은 철학이나 형이상학에서도 등장한 바 있다. 동서양의 철학사를 보면, 동서고금을 막론하고 우리의 경험으로는 사물의 본질이나 궁극적 실재의 참모습은 결코 인식할 수 없다는 의견이 지배적이었다. 이런 상황에서, 혹여 자의식을 지닌 강인공지능이나 슈퍼 인공지능이 등장한다면 그가 어떤 존재인지 어떻게 알겠는가? 우리 자신도 모르는데.

요컨대, 철학과 형이상학의 역사는 수천 년이지만, 철학자들로부터 '인간 존재[근원]'에 대해 그 어떤 속 시원한 답변을 듣지 못했던 것 같다. 그렇다면 혹시, '본디 없는 답을 찾으려 하니 찾지 못한 것은 아닐까?'하는 의문이 들 것이다. 만약 정말 그렇다면, 별 소득 없는 무의미한 물음을 이제라도 그만두면 되지 않을까? 아니다. "나는 누구인가?", "인간이란 무엇인가?"라는 물음은 우리 안에서 자연스레 생겨나는 물음이다. 누군가의 말처럼, "가까이 지내던 자의 육신이 재 되어 사라지는 화장터에서 돌아설 때," '대체 인생이 뭘까'라는 강한 의문을 떠올리기 마련이다. 이러한 물음은 누군가에게는 "어느 날 문득 스치듯 떠올랐다가 사라져 갈 수도" 있지만, 또 다른 누군가에게는 "벗어날 수 없는 운명처럼 그 영혼을 사로잡는 수도" 있다(한자경, 2006: 5). 그래서 누구나 '대체 인생이 뭘까'를 묻듯이, 우리는 거듭 '인공지능은 어떤 존재인가'를 자연스레 묻게 될 것이다.

하지만 이러한 형이상학적 질문에 그 누구도 당장 어떤 답을 쉽게 떠올리기 어려운 것은 우리 자신인 '인간 존재', 혹은 '인간 존재의 근거'에 대해서도 모르기 때문이다. 자기 자신도 모르는데 남을 어찌 알겠는가? 하물며 – 머지않아 인간의 지능을 초월할 것으로 예상하는 – 인공지능은 두말할 나위도 없을 것이다. 상황이 이러니 결국 우리는 미궁에 빠진 것인가?

참고문헌

스티븐 호킹·레오나르드 믈로디노프(2010). 《위대한 설계》. 전대호 옮김. 까치글방.

신승환(2018). 《형이상학과 탈형이상학: 형이상학의 유래와 도래》. 서광사.

한자경(2001). 《동서양의 인간 이해》. 서광사.

한자경(2006). 《자아의 연구》. 서광사.

허훈(2015). 《한눈에 보는 세계철학사》. 양철북출판사.

03
인공지능 철학과 윤리학

인공지능의 등장은 역설적으로 인문학의 동반 상승을 이끌고 있다. 망원경을 사용하는 인문학으로 현미경을 사용하는 인공지능학을 조망할 필요성이 생겼기 때문이다. 인공지능을 어떻게 바라보고 대해야 하는지에 대한 의문으로 우리는 전통 철학과 윤리학을 다시 소급하는 중이다. 인공지능 철학과 윤리학은 '기계론적 사고 vs 유기체적 사유' 중 기본적인 관점을 취해야 하는 선택의 기로에 서 있다.

AI와 난임 극복?

전통 철학을 소환하는 인공지능 철학의 딜레마

어느덧 인공지능은 바로 우리 곁에 와 있다. 하루가 멀다 고 듣게 되는 인공지능 관련 소식에는 '새로운 발전과 진전이 있다'는 희소식도 있지만, 그 부작용을 전하는 슬픈 소식[悲報]도 있다. 그래서 최첨단 과학의 총아라고 할 수 있는 인공지능의 등장은 역설적으로 철학이나 윤리학 같은 오랜 역사를 지닌 전통 인문학을 소환하는 중이다. 특히 '인공지능 또는 인공지능 로봇은 현실적 차원에서 도덕적 고려 대상인가'(목광수, 2020), 또 '인공지능은 도덕적 주체가 될 수 있는가'와 같은 중요한 주제를 놓고 윤리 · 철학 차원에서 첨예한 논쟁이 벌어지고 있다.

요컨대, 최첨단 과학의 총아 인공지능의 도덕성 관련 문제를 전통 철학과 기존 윤리학의 접근법으로 해결하자는 것인데, 양자(兩者) 사이에는 기본적인 간극(間隙)이 놓여 있음을 유념할 필요가 있다. 이는 달리 말하면, 이미 오래된 '철학(윤리학) vs 과학' 간의 갈등의 역사다.

흔히 말하듯, 철학은 과거에는 '종교의 시녀'였지만, 현대에는 '과학의 시녀'가 되었다. 이제, 어떤 새로운 철학이 나오더라도 '과학의 검증'이라는 시험대를 통과하지 못한다면 곧 폐기 처분되고 마는 게 현실이다. 전통 철학도 마찬가지다. 당대에는 제아무리 뛰어난 철학적 사유라고 칭송받았다고 하더라도 근현대 과학의 문 앞에 서면 더 이상 나아가지 못하고 가로막히기 일쑤였다.

일례로, 우주의 중심에 움직이지 않는 지구가 있으며 지구 주변을 태양과 별들이 돈다는 '천동설'을 주장한 대표적인 고대 철학자가 바로 아리스토텔레스(Aristotle, BC 384~BC 322)였다. 아리스토텔레스가 누군가? 그의 학문은 서양 학문의 기초를 형성하였고, 그의 과학은 오랫동안 서양 과학을 지배했다. 최소한 과학 혁명(15~17세기)을 겪기 이전까지는(나무위키).

그렇지만 현대 과학 시대에 사는 우리로서는 얼마나 황당한 얘기인가. 그의 철학적 사유가 아무리 뛰어났다고 한들 지금의 과학 시대에 그런 주장은 쓸모가 없다.

그 결과 인공지능 시대까지 생명력을 유지하고 있는 전통 철학은 별로 없어 보인다. 바꿔 말하면, 우리는 새로운 존재자 인공지능에 적용하고 활용할 수 있는 전통 철학을 쉽게 찾기 어려운 상황에 놓여 있다(이진오, 2024: xi). 그럼에도 장차 인공지능이 어떤 존재가 될지 모르니 인공지능 전문가들조차 과거 철학자들을 끊임없이 소환하는 중이다.

그렇다면 철학은 어느 시대, 어느 지점에서 과학을 따라잡지 못하고 놓친 것일까? 먼저 철학계의 이전 상황을 파악해야 한다. "다른 학문과 달리 철학은 역사, 즉 철학의 전개 과정을 알지 못하고서 '특정 철학'을 온전히 이해하는 것은 거의 불가능"하기 때문이다. 왜? "철학은 비판과 반성을 토대로 하는 학문이기 때문"이다. "반면, 과학자가 되기 위해서 과학의 역사를 반드시 공부해야 하는 것은 아니다. 예컨대 물리학자가 특정 물리 이론을 세우기 위해서 물리학의 역사를 꼭 알아야 할 필요는 없다"(허훈, 2015: 11). 실제 그렇다. 수학 수업에서 학생들은 수학의 역사를 배우지 않는다. 그런데 철학이나 윤리 수업에서 기존 철학 사상이나 윤리설에 대한 학습을 뺄 수 있을까?

따라서 새롭게 등장한 낯선 존재자 인공지능의 철학과 윤리학을 새롭게 정립하려면, 철학의 역사를 알아야 한다. 하지만 기나긴 철학사를 한정된 지면 안에서 모두 보기는 어렵다. 꼭 알아야 할 핵심적인 내용을 중심으로, 주마간산 격이나마 살펴보자.

이원론에 빠진 서양 철학

과거 사람들이 상정했던 불변의 실체는 고대에는 이데아(Idea), 중세에는 신(神)이었다. 그런데 근현대에 들어와 신이나 이데아 같은 이상적 실체를 상실하고 만다. 여러 이유가 있겠지만 코페르니쿠스에 의해 중세의 신학적 우주관은 붕괴되었고, 서양 근대 철학을 종합한 이마누엘 칸트(Immanuel Kant, 1724~1804)에 의해 인간 중심적 세계관이 세워졌기 때문이다. 다시 말해, "이때까지 자연에 대해 저작권을 주장하던 신이나 이상적 실체가 … 사망 선고를 받았으니 그 대신에 인간이 존재 무대의 대권을 거머쥔 것이다"(조승호 외, 2018: 204).

그렇다면 근대 이후에는 어떻게 되었을까? 근대 철학과 근대 과학은 서로 양상이 크게 달랐다. 근대 철학은 19세기 중반부터 서서히 무너져 갔지만, 근대 과학은 17세기 유럽에서 일어난 과학 혁명(Scientific Revolution)을 기점으로 눈부신 발전을 지속적으로 이어 나간다. 중세 철학자들은 신에게서 진리를 찾았지만, 코페르니쿠스는 정확한 관측과 수학을 통해 보편적 진리를 찾는다. 이것은 이전에는 찾아보기 어려운 혁명적인 변화였다. 그가 쓴 《천구의 회전에 관하여(De revolutionibus orbium coelestium)》(1543)에서 '회전(回轉)'을 뜻하는 'revolution'은 이후 '혁명'의 의미로 확장된다. 흔히들 혁신적인 발상의 전환을 '코페르니쿠스적 전환'이라 이른다. 그만큼 코페르니쿠스의 이론은 당시 사람들에게 엄청난 충격을 주었던 것이다. 사실 이러한 발상의 전환은 과학 쪽에서뿐만 아니라 철학계에서도 일어났다.

그런데 왜 근대 철학은 무너져 갔다고 하는 걸까? 이 과정은 자세히 들여다볼 필요가 있다. 프랑스의 철학자 르네 데카르트(Rene Descartes, 1596~1650)는 확실한 진리를 찾기 위해 인류가 이전에 쌓아 놓은 모든 지식을 의심하는 데에서 철학을 시작해야 한다고 생각한다. 즉 아주 확실한 것, 예컨대, "'내가 지금 인공지능 로봇이 춤추는 모습을 내 눈으로 보고 있다'면 그것은 의심할 수 없는 사실이라고 할 수 있는가"라고 묻는다. 또 "'1+2=3'은 확실한가"라고 묻기도 한다. 놀랍게도 그는 이런 사실[지식]들도 확실하지 않으니 의심해 봐야 한다고 주장한다. 왜? '내 눈으로 본 것'도 만약 그것이 꿈속의 일이라면 허상이 되어 버리고(이른바 '꿈의 가설'), '1+2=3'이라는 것도 "어떤 전능한 악마가 있어서 우리 모두를 속일" 가능성을 생각해 봐야 한다는 것이다(이른바 '전능한 악마의 가설')(허훈, 2015: 143~144).

그렇다면 눈에 보이는 것도 부정하고, '1+1=2' 같은 보편적 지식도 부정하면, 끝에 남는 것은 무엇일까? 그게 꿈속이든, 악마가 나를 속이고 있든, 내가 현재 그런 것들을 '의심'하고 있다는 사실만큼은 확실하지 않을까? 또 '의심'을 하려면 의심하는 '내'가 존재해야(=생각의 주체가 있어야) 의심이 가능할 테니, 결국 "나는 생각한다. 고로 존재한다(Cogito, ergo sum)"라는 결론에 도달한다. 그럼으로써 이 명제를 철학의 기초로 삼아 제1원리로 확정 짓는다. 정말 그럴듯하지 않은가? 철학의 중심에 신(神) 대신 나[인간]를 세운 데카르트는 이전과는 전혀 다른 새로운 철학의 역사를 창조한 공로로 명실상부한 근대 철학의 아버지로 등극한다.

그런데 문제는 그가 찾아냈다는 이 자명한 진리로부터 생겨난다. 위 얘기는, '코기토(Cogito, 라틴어로 '나는 사유한다'는 뜻)' 즉 '나'는 생각하는 사고(思考)의 '주체'라는 말인데, 그 사고의 대상은 당연히 밖에 존재하는 세계[객체]다. 여기에서 바로 서양 철학의 뿌리 깊은 '이원론(二元論) 문제'가 생겨난다. 이원론? 이미 이원론에 경도된 현대인들은 뭐든지 둘로 나눠 보는 경향이 있다. '정신 vs 육체', '인간 vs 자연', '이데아 vs 현실 세계', '주체 vs 객체' 등등. 심지어 '보수 vs 진보', '부자 vs 빈자', '남자 vs 여자'로 갈라치기까지 한다. 중간[중용]은 사라지고 양극단만이 존재한다.

요컨대, 서양 철학은 이원론에 빠진 것이다. "서양 철학은 순수 정신과 순수 물질, 형상과 질료, 유와 무, 선과 악 따위의 이원론을 바탕으로" 한다(허훈, 2015: 579).

그런데 이게 왜 문제가 되는 걸까?

선택의 기로에 선 인공지능 철학과 윤리학

분명 이원론의 입장에서는 향후 등장할 수도 있는 강인공지능이나 슈퍼 인공지능을 우리 인간과 분리된 존재로 바라보게 될 것이다. 그러면 거기서 파생되는 문제들에 대한 올바른 해법은 나오기 어려울 것이다. 왜? 필자는 먼저, '이원론이 사실적 진리에 부합하는가?'를 따져봐야 한다고 생각한다.

인공지능을 탑재한 로봇은 우리 인간과 분리된 존재인가? 아니면 동일한 존재인가? 이원론의 입장에서 답은 둘 중 하나다. 전자 아니면 후자. 이것을 논리학에서는 '배중률(排中律)'이라고 부른다. 즉 'A는 B다'와 'A는 B가 아니다'와의 두 판단 사이에 중간의 것은 없다는 원리다. 지극히 당연한 얘기 아닌가? 아니다. 실상은 다르다. 쉬운 예를 들어 보자. "물과 얼음은 같은가? 다른가?" 답은 "같기도 하고, 다르기도 하다"라는 게 정답이다. 또 "백인과 흑인은 같은가? 다른가?" 다르다고? 외양의 일부(특히 피부색)가 다를 뿐 나머지는 똑같다. 심장 1개, 신장 2개, 사지(四肢), 구규(九竅, 몸에 있는 9개 구멍), 뼈 206개 등등. 즉 "진리의 본체에서 봤을 때 모든 사물은 동일한 것이므로 하나이며, 동시에 다른 것"이다(허훈, 2015: 581).

이렇게 보면, 이원론적 사유(思惟)가 평범한 사람들은 물론이고 대부분의 현 인공지능 전문가, 개발자들의 뇌리(腦裏)에 남아 있는 것이 문제가 되지 않겠는가?(베르너 하이젠베르크, 2018: 97). 인공지능 연구를 선도하는 컴퓨터 과학자 커즈와일(Raymond Kurzweil, 1948~)은 공개적으로 선언한다. 자신은 "패턴 유물론자(pattern materialism)! 역량 유물론자(capability materialism)"라고(Kurzweil, 2006: 386, 474, 661). 패턴 유물론은 존재를 하나의 영속하는 패턴에 불과한 것으로 보는 입장이고, 역량 유물론은 지능의 능력 외에도 인간이 세계와 상호 작용하는 다양한 방식을 묘사하는 유물론이다. 좋다! '존재'를 '패턴'으로 파악하든, '지능 외의 방식'을 논하든, 나름의 관점에서 일리(一理) 있는 해결책을 모색하는 것이다. 하지만 그의 기본적인 철학적인 관점, '유물론(唯物論, materialism)'이라는 말 그대로, 정말 만물의 근원은 물질이고, 모든 정신 현상도 물질의 작용이나 그 산물에 불과한 것일까?

그렇다면 (대체로) 유물론을 배척한다는 우리 동양 철학은 어떨까? "동양 철학!" 하면 떠오르는 게 '도(道)'나

자연, '기(氣)', '중용(中庸)' 같은 핵심 개념들이다. '도'는 모든 사물이 운영되는 근본적인 원리 혹은 자연의 질서를 나타낸다. 요컨대, "동양 철학은 이원적 규정과 분별을 하나하나 덜어 가는 도(道)를 추구"한다(허훈, 2015: 579). 동양은 자연과 인간을 하나로 보지만, 서양은 이원론에 입각하여 그 둘을 따로 떼어 놓고 본다. 그래서 흔히 동양은 유기체적 사유를, 서양은 기계론적 사고를 한다고 말한다. 어느 쪽이 맞을까? 동서양 철학이 서로 맞서는 현 상황에서 우리는 그 어느 하나를 선택해야 한다. 바로 이 때문에, 바로 이런 이유로 인공지능 철학과 인공지능 윤리학은 정초(定礎)되기 어려운 것이다. 그렇다면 어찌하면 좋을까?

참고문헌

나무위키. "과학사/서양". https://namu.wiki/w/과학사/서양

목광수(2020). "인공적 도덕 행위자 설계를 위한 고려사항". 이중원 외. 《인공지능의 윤리학》, 132~165쪽. 한울엠플러스.

베르너 하이젠베르크(2018). 《물리와 철학》. 조호근 옮김. 서커스출판상회.

이진오(2024). 《AI와 철학의 전환》. 커뮤니케이션북스.

조승호 외(2018). 《공학, 철학, 법학의 눈으로 본 인간과 인공지능》. 씨아이알.

허훈(2015). 《한눈에 보는 세계철학사》. 양철북.

Kurzweil, R.(2006). *The singularity is near: When humans transcend biology*. Penguin Books.

04
지난 모든 세기의 윤리학과 인공지능

윤리학은 인류와 함께 시작되었다. 전통 윤리학은 사람과 사람 사이의 관계를 규정하려는 것이지만, 인공지능의 윤리는 인간과 새로운 존재자 인공지능과의 관계를 새로이 설정하려는 것이다. 하지만 '윤리적으로 행동하도록 로봇을 설계하자'는 기계 윤리에서는 그 기준점조차 정하지 못하고 있다. 이는 지난 3천 년의 윤리학사가 대립적인 견해 간의 갈등과 충돌로 점철된 역사였기 때문이다.

AI와 사주?

전통 철학과 기계 윤리

2016년 3월, 인간 최고의 바둑 기사 중 한 명인 이세돌 9단과 구글 딥마인드의 인공지능 '알파고'의 대국이 벌어진다. 알다시피 결과는 4:1, 알파고의 승리였다. 이때 우리는 인공지능이 인간의 지능을 월등히 뛰어넘을 수 있다는 사실을 실감하였고, 언젠가는 범용 혹은 슈퍼 인공지능이 출현할지도 모른다는 전망을 내놓기 시작한다. 또 그 실현 가능성 유무를 놓고 아직도 논쟁이 격렬하다. "만약 초고도의 지능이 나타난다면 그때 인류가 맞이할 세상은 과연 어떤 모습일까?" 이런 주제는 늘 화제의 중심이었다. 그 미래 전망에는 희망찬 장밋빛 미래가 그려지기도 하지만, 가히 우려할 만한 인공지능의 심각한 부작용 문제도 함께 거론된다. 상황은 꽤 심각하다. "《윤리적 기계(Moral Machines)》(2010)에서는 이렇게 예측한다. 수년 이내에 인간의 과실과는 별개로 어떤 결정을 내리는 컴퓨터 시스템에 의해 괴멸적인 사고가 일어나리라고 우리는 예언한다." 하지만 이 예언 전에도 이미 사건은 있었다. 2007년 자동 제어 무기 로봇이 아군에게 발포하여 사상자가 발생하는 등 세계 곳곳에서 여러 사건이 터진다(오카모토 유이치로, 2019: 40~41). 그래서 나온 대안이 로봇이 '윤리적으로' 행동하도록 로봇을 설계하자는 것인데(=기계 윤리), 당장 그 윤리의 기준점조차 정하지 못하고 있다(위키백과). 다수의 행복을 지향하는 '공리주의(=결과주의)'를 채택할 것인지? 아니면 도덕 법칙을 준수하는 '의무론(=동기주의)'을 따를 것인지? 그것도 아니면 그 둘을 혼합할 것인지? 그런데 하나는 '동기(규범, 하향식 Top-down)'를 중시하고 다른 하나는 '결과(관계성, 상향식 Bottom-up)'를 중시하는데 혼합이라니(최재묵, 2025)?

이에 시급히 대책을 세워야 한다는 목소리가 커지면서, 사람들은 다시 옛 철학서나 윤리학 책을 들춘다. 아니면 거기에는 답이 없으니 새로운 대안을 찾아야 한다는 주장도 나온다.

정리하자면, 다음과 같은 세 가지 질문에 답하는 것이다. 1) 전통 철학과 윤리학에서 인공지능 문제의 해법을 찾을 수 있는가? 2) 거기서(전통 철학과 윤리학에서) 최소한 인공지능 문제 해결의 단초, 시사점이라도 얻을 수 있는가? 3) 1, 2번 질문에 대한 답이 모두 부정적이라면, 이제 우리는 새로운 철학과 윤리학을 모색해야 하는가?

이와 같은 물음에 답하기 위해서는 지난 모든 세기의 철학과 윤리학(양 학문의 역사)을 다시 되돌아봐야 한다 [그런데 "지난 모든 세기"의 그것을 살펴보려면 제한된

지면으로는 한계가 있다. 이 책에서는 3천 년 철학사와 윤리학사를 '이론' 중심으로 거칠게 요약해 본다. 최초의 철학자 탈레스의 생년은 기원전 640~기원전 624년경이다. 자그마치 철학(윤리학)의 역사는 약 3000년이다. 과연 '문제의 해법으로 삼을 만한 기존 학설이 있을까'].

그런데 지난 역사를 보려는 까닭이, 위 물음에 대한 답을 구하려는 것이니, 우선 (필자가 생각하는) 답부터 말해 본다. 위 물음에 대한 각각의 답은 이렇다. 1) 찾기 어렵다. 2) 얻기 어렵다. 3) 새로운 철학과 윤리학을 모색할 필요가 없다. 단, 이 답변에는 전제 조건이 있다. 그것은 우리가 이미 알고 있는 서양 철학이나 윤리학의 범주 내에서 찾거나 얻으려 할 때에만 그렇다는 얘기다[눈치 빠른 독자들은 이미 눈치챘을 것이다. 일반 철학서나 윤리학 서적에는 언급조차 없는 영원의 철학(perennial philosophy)이 (필자가 생각하는) 이 물음의 답이기 때문이다. 단, 동양 사상은 예외다. 동양 철학이나 동양 윤리학은 대부분 영원의 철학에 부합된다. 필자의 《영원한 철학》이나 헉슬리의 《영원의 철학》을 보면 확인할 수 있을 것이다]. 자! 그러면 지난 서양 철학(윤리학)의 역사를 거슬러 올라가 보자. 대체 어떤 역사이길래 위 같은 답이 나온 것인지 알아보자.

대립과 갈등의 3천 년 철학과 윤리학사

사실 철학(윤리학)의 역사는 유구하지만, 크게 보면 두 대립적 관점의 충돌이다. 바로 그것은 1) 이성주의(Rationalism) 2) 경험주의(Empiricism)다. 우리가 알고 있는 웬만한 (서양) 철학자나 윤리학자들은 거의 모두 둘 중 하나에 속한다. 이를테면 다음과 같다.

1) 이성주의 : 소크라테스, 플라톤, 아리스토텔레스, 스토아학파의 제논, 중세 신학자 아우구스티누스, 토마스 아퀴나스, 르네 데카르트, 바뤼흐 스피노자, 고트프리트 라이프니츠, 이마누엘 칸트, 헤겔, 위르겐 하버마스 등등.

2) 경험주의 : 고대 그리스의 소피스트, 쾌락주의의 에피쿠로스, 존 로크, 조지 버클리, 데이비드 흄, 프랜시스 베이컨, 제러미 벤담, 존 스튜어트 밀, 실용주의자 퍼스, 윌리엄 제임스, 오귀스트 콩트, 존 듀이 등등.

이와 같이 이들로부터 나온 모든 학설은 이성주의 혹은 경험주의를 토대로 성립된 것이다. 그런데 문제는 이들 각각의 입장이 상대 진영에서 볼 때 용인할 수 없다는 데 있다[더구나 동일한 철학 사조(이성주의, 경험주의)

내에서도 그들 사이에 격렬한 논쟁은 끝없이 펼쳐졌다].
고대 그리스의 소크라테스는 철학적 관점의 차이로 소피스트들과 갈등을 빚었으며, 끝내 죽음을 맞이한다. 이는 헬레니즘 시대에도 마찬가지여서 스토아의 제논은 쾌락주의자 에피쿠로스에 맞선다. 이른바 '쾌락주의'와 '금욕주의'의 대결이었다. 또한 중세 신학자 아우구스티누스, 토마스 아퀴나스는 신이 부여한 이성은 신뢰하지만, 인간의 경험은 경시한다. 근대에 이르면, 이 갈등의 양상은 더욱 심화된다. 데카르트와 스피노자는 진리를 합리적 '이성'으로 찾을 수 있다고 보았지만, 프랜시스 베이컨, 존 로크, 버클리, 데이비드 흄 등은 오히려 '경험'이 진리의 원천이라고 보았다. 그러면 근대 이후는 어떻게 됐을까? 이제 길을 잃었다고 생각한 학자들은 (이성주의도 아니고 경험주의도 아닌) 제3의 길을 모색하는 대단히 복잡다단한 양상을 보이고 있다. 아예 형이상학에서 벗어나 사회 문제를 다루고자 했던 마르크스주의의 유물론이 등장하는가 하면, "인간은 이성적 존재가 아니라 잠재의식의 지배를 받는다"는 정신 분석학, 사회를 다원적으로 보고자 한 포스트모더니즘, 인간을 기존의 언어 구조나 무의식 구조 등에 의해 구성된 존재로 보는 구조주의 등이 나타난다(허훈, 2015: 263; 나무위키).

요컨대, 인류 사유(思惟)의 역사 즉 철학과 윤리학의 3천 년 역사는 두 관점의 대립과 충돌의 역사였다. 그리고 20세기, 21세기의 철학(윤리학)은 복잡다단한 양상을 보이지만, '과학'이라는 공통 토대 위에 서 있다. 그래서 이렇게 한마디로 정리할 수 있다. "중세 철학은 신학의 시녀지만, 현대 철학은 과학의 시녀"다. "유명한 과학자 스티븐 호킹은 이렇게 선언한다. '우리 주변에 대한 이해, 즉 우주와 창조자에 대한 질문이 더 이상 철학의 대상이 아니다.' 신과 우주에 대한 대답을 이제는 철학이 아니라 과학이 할 수 있다"(허훈, 2015: 263~264).

뇌와 마음, 몸과 세계 그리고 인공지능

다시 생각해 보자. '과학의 시녀(侍女)로서의 철학'이 현대 철학의 현주소다. 그런데 이게 왜 문제가 되는가? 과학이야말로 확실한 것 아닌가? 과학으로 입증된 어떤 사실이 있다면 그야말로 신뢰할 수 있는 것 아닌가? 그렇다면 철학도 과학을 따라야 하는 것 아닐까? 아니다. 지금 우리는 딜레마 상황에 빠졌다. 인공지능을 개발하는 과학 쪽에서는 (형이상학적 문제에 대해) 철학 쪽에서 어떤 해법을 찾고 있는데, 철학 쪽에서는 오히려 과학이 그 답을 내놓으라고 요구하는 기막힌 상황에 빠진 것이다(하지만 형이상학적 질문에 답을 할 수 있는 과학은 없을 것이다. 예컨대, '왜 사는가', '삶의 목적은 뭔가', '인간은 어떤 존재인가', 또 '인공지능은 어떤 존재인가'라는 물음에 과학적 답변이 가능하겠는가? 이는 철학, 형이상학, 윤리학의 문제다).

또 그렇다고 해서 과학 쪽에서도 일관성 있는 답변을 줄 수 있는 것도 아니다. 예를 들어 보자. 소위 '인지 신경 과학(Cognitive neuroscience)'은 우리의 "인식 활동이 뇌의 신경 회로에 의해 어떻게 영향을 받거나 제어되는지" 연구한다. 즉 "정신적 과정에 관여하는 뇌의 신경 연결"을 연구하는 인지 과학이다(위키백과). 철저하게 인지 과학 이론에 의존하는 만큼 이에 대한 이론(異論)의 여지는 없을까? 있다! 소위 '체화된 인지 이론(Embodied Cognition Theory)'에서는 인지 신경 과학이 인지 형성과 인지 능력 이해에 있어 오로지 '뇌(腦)'만 연구하는 데 불만을 품는다(위키백과; 박욱주, 2025: 33). 그리하여 "몸과 세계에 대해 고려 없이는 마음을 제대로 이해하거나 설명할 수 없다"고 반론을 제기한다. 즉 "인간이든 그렇지 않든 인식의 많은 특징이 유기체의 전신(全身) 측면에 의해 형성된다"고 주장한다. 이게 무슨 의미일까? 육체와 정신을 양분한 데카르트의 이원론에 대한 반발? 반면에, 많은 인공지능 개발자들에게 인간의 '마음'이란 곧 '뇌(腦)'다. 커즈와일 같은 과학자는 '뇌'를 다운로드하면 영생을 누릴 수 있다고 주장한다. 어느 쪽이 옳을까?

"서양 과학[서양 의학]에서는 오래전부터 '마음'이 곧 '뇌'라는 주장을 펼쳐 왔다. 하지만 동양에서 뇌는 여러 마음을 총괄하는 기관이지 마음 자체는 아니라고 할 수 있다. … 동양 의학에서 말하는 마음은 과연 무엇이었는가. 동양 의학에서의 마음은 신체와의 관련하에 논의되었지만, 마음은 단지 신체 안에 머무는 것이 아니었다" (허훈, 2010: 76~77). 이런 입장은 '체화된 인지 이론'에 부합한다. 그렇다면 뇌를 카피(copy)해서 인간의 지능을 구현하려는 시도는 과연 성공할 수 있을까?

아마도 그것은 인간의 마음과 똑같은 것은 아닐 것이다. 인간의 마음을 제대로 이해하려면 '뇌'만 바라볼 것이 아니라 우리 '몸'과 '세계'까지 고려해야 한다. 우리 몸과 세계의 변화가 마음의 변화이고 그 역(逆)도 마찬가지다. 이런 사실을 우리는 경험적으로 안다. (예컨대) "우리는 혈압을 측정할 때 쉽게 마음의 위력을 실감한다. 긴장을 하거나 흥분하면 혈압 수치는 즉시 올라가며, 안정을 되찾으면 곧바로 혈압 수치도 내려간다"(허훈,

2010: 14). 또 누군가와 다퉈 보라(=몸싸움). 그러면 곧 밥맛을 잃지 않던가(=마음 느낌). "위장은 마음의 거울"이라는 말도 그래서 나왔다(허훈, 2010: 26).

정리해 보자. "'몸'과 '마음'과 '세계'는 서로 분리되지 않는다." "그 셋은 같은 것이라고 할 수는 없지만, 서로 다른 것도 아니다." 바로 이런 관점이 영원 철학의 핵심 내용이자 결론이다. 여기서 염두에 두어야 하는 것은 영원 철학의 역할이다. 영원 철학이 입장이 다른 두 과학 이론 중 어느 하나의 손을 들어 주고 있질 않은가.

참고문헌

나무위키. "구조주의". https://namu.wiki/w/구조주의

박욱주(2025). 《인공지능, 영혼의 존재》. 커뮤니케이션북스.

위키백과. "로봇 윤리". https://ko.wikipedia.org/wiki/로봇_윤리

위키백과. "인지신경과학". https://ko.wikipedia.org/wiki/인지신경과학

위키백과. "체화된 인지". https://ko.wikipedia.org/wiki/체화된_인지

오카모토 유이치로(2019). 《인공지능의 마지막 공부: AI에게 철학을 가르치면 어떤 일이 일어날까?》. 유노북스.

최재묵(2025.3.12.). "인공지능은 '인간다움'의 가치를 발견해 줄 수 있을까… 그 '눈치 없는' AI가". 교수신문. https://www.kyosu.net/news/articleView.html?idxno=131849

허훈(2010). 《마음은 몸으로 말한다》. 이담북스.
허훈(2015). 《한눈에 보는 세계철학사》. 양철북.

05
딜레마에 빠진 현대 윤리학

인공지능 시대를 맞이하여, 길을 찾지 못한 전통 윤리를 대체하기 위해 현대 윤리학자들은 수많은 새로운 학설을 쏟아 내고 있다. 새로운 윤리적 이론의 고안은 필요하지만, 그 바탕에 다수의 동의를 얻을 수 있는 이론적 토대가 구축되어야 가능하다. 만약 새로운 제안이 다른 주장과 대립각을 세울 뿐이라면, 우리는 더욱 복잡한 미로 찾기 게임에서 길을 찾아야 하는 난관에 봉착한다.

AI와 아이돌?

상반되는 이론적 토대, 새로운 시도

인공지능 개발로부터 파생될 수 있는 문제 해결에 지금까지 대립각(對立角)을 세워 왔던 여러 학파의 철학, 윤리학을 적용하면 어떻게 될까? 물론 각 학파의 관점은 나름의 논리를 갖고 있기 때문에 문제 해소에 일정 부분 일조할 수 있을 것이다. 그런데 대립적 관점이 낳은 결론이 각각 타당하다고 긍정된다면, 그 인정하는 정도만큼 우리는 기준점을 잃게 되고 만다. 이것도 옳고, 저것도 옳을 수 있을까? 양비론(兩非論)은 무척 곤란한 상황이지만, 양시론(兩是論) 역시 난처한 것은 마찬가지다. 철학이나 윤리학에서 대립적 관점이 둘 다 옳다면, 그 기준점을 상실한다. 서로 상대를 부정하기 때문이다. (예컨대) 유물론(唯物論)을 긍정하면서 동시에 유심론(唯心論)을 인공지능 연구의 이론적 기반으로 설정하는 것은 불가능하다. 문제의 심각성이 바로 여기에 있다. 바로 지금 이 순간에도 세계 곳곳의 인공지능 연구자들은 수많은 전통 철학자나 윤리학자들을 언급하면서, 인공지능에 그들의 이론을 적용할 가능성을 모색한다. 하지만 현재 거론되는 철학이나 윤리학설들 대부분은 - 정말 오랜 싸움을 벌이고 있는 - 상반되는 이론적 토대 위에 구축되어 있음을 알아야 한다. 이 점이 매우 중요하다.

또한 기존 철학이나 윤리학에서 길을 찾기 어렵다고 생각하는 연구자들은 아예 새로운 철학적 관점을 세우려 하거나 인공지능에 적용할 수 있는 새로운 윤리적 이론의 고안을 시도하지만, 이 역시 난처한 상황을 만들 수 있다. 왜? 이유는 위와 같다. 지난 수천 년 철학사(& 윤리학사)가 한마디로 '배틀(battle, 논쟁)'의 역사였기 때문이다. 하지만! 그렇다고 해서 누가 감히 새로운 제안 역시 같은 전철(前轍)을 밟을 거라고 예단한단 말인가? 맞는 말이다. 이제부터라도 상황이 나아지지 말라는 법은 없다. 새로운 제안이 참신하면서도 획기적이어서 다수의 동의를 얻을 수 있다면 그 대안은 선택되어야 한다. 그런데 다수의 동의를 얻을 수 있는 그 새로운 제안의 밑에 깔린 이론적 배경은 과연 무엇일지? 필자는 무척 궁금하다. 다시 말하지만 '상반되는 이론적 토대 위에 구축되어 있는' 철학이나 윤리학은 끝없는 논쟁만을 야기할 뿐이다. 어떤 연구가 다른 연구(자)로부터 동의를 얻지 못하고 대립각을 세울 뿐이라면 무슨 의미가 있겠는가? 자꾸 새로운 길을 만들면 점점 더 복잡한 미로가 될 가능성이 커지고, 그러면 출구를 찾기가 더 어려워지지 않을까?

사고 실험, '발길질당하는 로봇'

하나의 사례를 들어 사고 실험(thought experiment)을 해 보자. 아직 등장하지도 않은 범용 인공지능이나 슈퍼 인공지능 얘기는 꺼낼 필요가 없을 듯하다. 지금 당장 문제가 되는 '인간 같은 감정을 느끼지 않는 인공지능', '마음이 없는 인공지능' 즉 약인공지능에 대한 사례다. 이들은 어떻게 대하든 상관없는지 생각해 보자.

> 2015년 2월, 미국의 기업 보스턴 다이내믹스에서는 4족 보행 로봇 '스폿(spot)'에 관한 동영상을 공개합니다. 이 영상은 스폿이 외부로부터의 충격에도 고장 나거나 쓰러지지 않고 잘 움직일 수 있다는 것을 증명하기 위해 계속해서 발로 차는 모습을 보여 줍니다. 그런데 발에 차이면서도 다시 균형을 잡으려고 애쓰는 스폿의 행동이 마치 인간의 발길질로부터 자신을 보호하는 개의 모습처럼 비쳤습니다. 그래서 많은 사람들이 '스폿을 발로 차는 것은 부당하다', '스폿이 불쌍하다'는 의견을 제시했습니다. 반대로 '스폿은 그저 기계일 뿐, 기계에게 동정심을 갖는 것은 불필요하다'는 의견도 있었습니다(허유선, 2024: 193).

필자는 이 글을 읽는 독자의 의견은 어느 쪽일지 무척

궁금하다. "스폿이 불쌍하다"는 쪽인지? 아니면 "기계에의 동정심은 불필요하다"는 의견에 동의하는지? 또한 "불쌍하다"는 의견이 왜 대다수이고, "동정심을 갖는 것은 불필요하다"는 의견은 왜 소수인지? 의문이 생긴다.

하지만 기존의 어떤 윤리설의 잣대로는 '어느 쪽 의견이 옳은지' 쉽게 판단 내리기 어렵다. 이 점이 매우 중요하다. 왜 그럴까? 기존의 윤리설이라면 대체로 '공리주의 vs 의무론', '심정 윤리 vs 책임 윤리', '공리주의 · 의무론 vs 덕 윤리'와 같은 것들인데, 이 중 어느 한 입장에서 판단을 내리면, 곧 상대되는[vs(=against)] 윤리설의 반론에 직면하기 때문이다. 맨 앞의 '공리주의 vs 의무론' 하나만 보더라도 그렇다. 아마도 의무론자 칸트(I. Kant)라면 이렇게 말할 것이다. "비록 스폿은 무생물이지만, 발로 차는 것은 인간의 자신에 대한 의무를 거스르는 것이다. 폭력적인 행위는 그 사람의 감성을 약화하고, 따라서 자신의 도덕성 증진에도 하등 도움이 되지 않을 것이기 때문이다." 반면에 공리주의자 벤담(J. Bentham)은 아마도 이렇게 말할 것이다. "스폿은 고통을 느끼지 못한다. 따라서 우리의 행복 증가나 감소와 아무런 관련이 없다. 무생물에 동정심은 불필요하다." 자! 윤리적 상황은 이와 같다. 각각의 주장이 일리가 있고 정말 하나가 맞다손 치더라도 여전히 상대 진영의 사람들을 설득해야 할 과제가 남는다. 그렇다면 자신의 이론이나 입장을 떠나 상대를 설득할 수 있는 공통의 기반을 찾아야 해결되지 않을까?

결국 이 의문의 답은 뭘까? 결론부터 얘기해 보자. 영원 철학의 관점에서 보면, 답은 분명하다. '존재의 대등지'를 보라. 스폿 같은 '로봇[사물]'이든, 발길질당하는 '개[동물]'든, 아니면 우리와 같은 '인간'이든 모두 우주심 즉 한마음 안에 있는 존재들이다. '기계[로봇]'도 우리 인간과 무관한 독립적인 존재가 아니다. 모든 존재자는 '한마음'이라는 온 우주의 매개자를 통로로 서로 연결되어 있다. 이른바 영원의 철학에서 말하는 '존재의 대사슬(우주에 있는 모든 존재가 서로 연결되어 있다는 우주관)'이자 '무경계(無經界)'다(네이버 지식백과). 그렇다면, 동물과 식물들은 어떻게 생각하고 느끼는지 알 수는 없지만, 최소한 생각하고 사유하는 자기 의식적인 존재인 우리 인간은, 그야말로 온 우주 만물에 애정을 느낄 수 있는 존재 아닌가? 감정이 메말라 버린, 감정이 무디어진 사람들은 좀 다른 반응을 보일 수도 있을지 모르지만, 대다수의 평범한 사람들에게 '발길질당하는 개'와 '걷어차이는 로봇'은 연민의 대상이 아닐 수 없다. 결국 우주관 혹은 존재론에 대한 사람들의 인식 차이일까?

유기체적 사유 vs 기계론적 사유

만약에 인간과 로봇이 서로 완전히 무관한 존재라면, 동정심 같은 감정이 대체 어떻게 그 사이에 끼어든다는 말인가? 매스컴에 아주 끔찍한 사건이 보도돼도 나와 무관하다고 생각하면 별 관심이 가지 않는 것이 사실 아닌가? 하지만 자신과 무관하다고 여겨지는 외부 사건들이 자기 가족 혹은 지인과 관련이 있다는 사실을 알게 되는 순간 갑작스레 관심을 쏟기 마련이다. 다만, 사람들의 관심의 대상과 폭이 서로 다를 뿐이다.

실제로, 오직 자신만 챙기는 사람이 있는가 하면, 이웃은 외면하더라도 자기 가족은 끔찍이 아끼는 사람도 있다. 또 어떤 사람은 민족 · 국가의 일이라면 발 벗고 나서는 사람도 있고, 나아가 범인류애를 보이는 사람도 있다. 관심의 대상도 다르다. 보통 사람이라면 같은 인간이나 가족처럼 지내는 반려동물에게만 따뜻한 사랑을 베풀지 않는다. (오랜 시간 사용했던) 물건에도 따뜻한 정을 느낀다. 사람에게만 한눈에 반하는 게 아니다. 첫눈에도 확 눈에 띄는 물건이 있고, 오래 사용해서 정들면 애착이 생긴다. 그래서 사랑하고 아껴서 쉽게 단념할 수 없을 때 '애착(愛着)이 가는 물건'이라는 단어를 쓴다. 이런 물건들은 쉽사리 버리기 어렵다. 또 반려 식물은 어떤가? 조상 대대로 물려받은 땅[地], 오랜 종갓집[宅], 내가 살던 고향 등등에서 무엇을 느끼는가? 이 모든 것의 까닭을 '한마음(일심, 영원 철학의 존재론)'에서 찾을 수 있다. 영원 철학에 따르면, 우주에 존재하는 온갖 사물과 현상 즉 삼라만상이 한마음 안에 있기 때문이다. 한마음 안에서 우리 모두[사물(광물), 식물, 동물, 인간 등]는 하나다. 이를테면 '물아일체(物我一體)'다. 물아일체! 즉 "일체 대상과 그것을 마주한 주체 사이에 어떠한 구별도 없는 것"을 말한다(나무위키). 그렇다면 인공지능이라는 새로운 존재자는 어떨까? 마찬가지다. 인공지능 역시 온 우주 안의 하나의 존재자로서 한마음 안에 존재한다. 그래서 '발길질당하는 개', '그 발길질로부터 자신을 보호하려는 개'를 보면서 우리는 불쌍하고 안타까움을 넘어서 (그 사람에게) 분노할 수 있듯이 '발길질당하는 보행 로봇 스폿'에게서도 연민의 감정을 느끼는 것이 자연스럽다.

그런데 기존의 철학적 논쟁은 무엇이었는가? '유기체적 사유 vs 기계론적 사유' 간의 갈등이었다. 일찍이 서양 근대 철학의 아버지 데카르트는 "나는 생각한다, 고로 존재한다"고 했다. 즉 사고(思考)의 '주체'는 생각하는 '나'이고, 그 사고의 대상은 밖에 존재하는 세계[객체]였다. 그래서 '주체 vs 객체', '정신 vs 육체', '인간 vs 자연'과 같은 이원론은 서양 철학의 토대다. 동양은 달랐다. 동양에서는 인간과 자연의 관계를 주관과 객관의 관계로 분리하지 않는다.

가장 쉬운 예를 들자면, 우리가 매일 사용하는 낱말 속에서도 이런 사유를 엿볼 수 있다. 이를테면, '인간(人間)', '(로봇 같은) 사물(事物)', '국가(國家)' 등등이다. 알다시피, 사람은 '인(人)'이다. 물질은 '물(物)'이고, 나라는 '국(國)'이다. 뜻만 보자면 '인', '물', '국' 자(字)만으로 충분하다. 그런데 왜 거기에 각각 '간(間, 사이)', '사(事, 일)', '가(家, 집)'라는 글자를 붙였을까? 이 글을 읽는 독자는 이런 생각을 해 본 적 있는가? 왜 우리는 '물(物)'을 그냥 '물'이라고 부르지 않고 '사물(事物)'이라고 부를까? 그냥 '인(人)', '국(國)'이라고 부르면 되지 않을까? 여기에는 다 이유가 있다. 우리말의 '사물'은 '물(物)과 사람의 만남[事]'을 뜻한다, 다시 말해 사람이 있고 대상인 물이 있는데, 이들 사이의 관계를 하나의 틀로써 포괄하기 위해 굳이 '사물'이라는 말로 표현하는 것이다. 바꿔 말해 '사물'이라는 낱말에는 아예 처음부터 (서양 근대 철학에서 뚜렷하게 나타나는) 주관과 객관의 이분법적인 사유가 드러나지 않는다. 우리를 둘러싼 세계는 인간과의 관계 속에서만 이해된다(허훈, 2015: 446~447). 따라서 이런 관점을 가진 사람들은 '사물'로서의 보행 로봇 스폿을 우리 인간과 무관한 존재라고 생각하지 않을 것이다. 스폿은 그저 물질(物質)이 아닌 '사물(事物)'이기 때문이다[그렇다면 '관점'에 따라 실제 보는 것도 달라진다는 말일까? 앞서 "사람마다 관심과 대상의 폭이 다르다"고 했다. 예컨대 사람이라면 누구에게나 양심(良心)이 있지만 양심의 가책을 느끼는 정도는 다르다]. 반면에 "기계에 동정심은 불필요하다"는 의견을 제시한 사람들은 인간과 로봇을 분리된 존재로 바라보기 때문이다. 즉 사고(思考)의 '주체'는 생각하는 '나'이고, 그 사고의 대상은 밖에 존재하는 객체 즉 '인간 같은 감정을 느끼지 않는' 로봇 스폿이다. 이들에게 스폿은 '사물'이 아닌 그저 '물질'일 뿐이다.

참고문헌

나무위키. "물아일체". https://namu.wiki/w/물아일체

네이버 지식백과. "존재의 대사슬".
https://terms.naver.com/entry.naver?docId=5677246&cid=62841&categoryId=62841

허유선(2024). 《인공지능 윤리를 부탁해》. 나무야.
허훈(2015). 《한눈에 보는 세계철학사》. 양철북.

06
동시에 출현한 인공지능과 영원 철학

인공지능의 할아버지 라이프니츠는 컴퓨터 이진법과 영원 철학의 본격적인 출발을 알리는 신호탄을 쏘아 올린다. 기하급수적인 성장세를 보이는 인공지능 개발에 따른 문제의 해법을 가장 오랜 학문인 영원 철학에서 모색할 수 있다. 최첨단 과학의 문제를 거시적으로 보려면 종교와 철학 차원에서 접근해야 한다. 이제 인공지능과 영원 철학은 옆으로 나란히 서서 이인삼각 경기의 짝이 되어야 한다.

AI와 야구?

영원 철학과 인공지능의 조우

영국의 소설가이자 비평가 올더스 헉슬리가 《영원 철학(The Perennial Philosophy)》을 출판한 시기가 1945년이다. 이때부터 영원 철학이 본격적으로 사람들의 입에 오르내리기 시작했지만, 사실 용어 자체는 일찍이 16세기에 나왔다. 이탈리아 구약 성경학자 아고스티노 스테우코(Agostino Steuco, 1497~1548)가 저서 《영원한 철학에 관하여: 10권(De perenni philosophia: libri X)》(1540)에서 처음으로 언급한 것이다. 하지만 헉슬리는 이런 사실을 몰랐던 것일까? 헉슬리는 그의 저서에서 이 "The perennial philosophy(영원 철학)"라는 용어를 독일의 철학자 고트프리트 라이프니츠가 처음 사용했다고 밝히고 있다(허훈, 2025: 68~69). 라이프니츠는 현재 인공지능의 할아버지로 불린다. 바꿔 말하면, 지금 시점에서 볼 때 헉슬리는 컴퓨터 이진법을 창안한 라이프니츠를 인공지능 개발의 원조(元祖)이자 동시에 영원 철학의 선구자로 간주하고 있었다는 뜻이다(헉슬리가 《영원 철학》을 저술할 당시에는 '인공지능'이라는 용어 자체가 없었기에 그렇다).

한편 인공지능(AI, Artificial Intelligence)이라는 용어는 1955년에 처음 사용된다. 컴퓨터 과학자였던 존 매카시(John McCarthy, 1927~2011)의 논문 "지능이 있는 기계를 만들기 위한 과학과 공학"에 처음 등장한다. 당시 다트머스 대학에 있었던 그는 이듬해 다트머스 회의(Dartmouth Conference)를 개최하는데, 여기서 공식적으로 인공지능이라는 용어를 사용한다(McCarthy et al., 2006/1955: 12~13).

그러니까 '영원 철학'과 '인공지능'이라는 용어가 인구(人口)에 회자(膾炙)되기 시작한 것은 각각 1945년, 1955년이다. 묘하게도 정확히 10년 터울이다. 20세기 중반에 인공지능의 할아버지이자 영원 철학의 선구자라고 할 수 있는 라이프니츠가 있기 때문이다.

이렇게 보면 라이프니츠는 양 학문의 시발점에 자리하는 중요한 인물이 아닐 수 없다. 인공지능은 가장 최근에 등장한 최첨단 과학의 총아이자 신(新)학문이라고 할 수 있지만, 역(逆)으로 영원 철학은 인류의 오랜 지적 자산으로서 가장 오랜 역사를 지닌 학문이라고 할 수 있다. 그런 양극단(兩極端)에 있는 두 학문을 매개하는 이가 라이프니츠다. "그는 한 편지 글에서 '나는 여태까지, 여러 가지 철학의 학파들에 파묻혀 흩어져 있는 진리를 찾아내어 통합하려고 애써 왔다'고 고백한다"(허훈, 2013: 270). 그는 시대와 지역을 초월하는 동서고금의 영원한 참된 진리가 무엇인지 찾으려 했다. 그리고 마침내 인류 공통의 진리로 간주되는 사상을 추출하고, 이를 영원 철학(永遠哲學, philosophia perennis)이라고 부른다. 정말 '영원한 철학'이 있을까? 학문 명(名) 자체가 너무 거창하고 심지어 오만하다는 느낌마저 들지는 않는가?

'영원한 철학!'이라는 말 그대로 동서고금을 막론하고 세계의 거의 모든 고등 종교에는 공통적인 '비전(秘傳)의 핵심'이 있음을 전제한다(Holman, 2008: XV; Lings & Minnaar, 2007: 243; Friedman, 1993: 96). 즉 "모든 고등 종교 교의의 기초가 되는 사상"이라고 할 수 있다. 그래서 영원 철학이 인공지능과 조우한다면, 달리 말해 '종교와 과학의 만남'이라고 바꿔 말할 수 있다. 라이프니츠가 영원 철학을 언급했던 시기(17~18세기)만 해도 과학의 발달은 미미했지만, 과학 기술에 관한 중요한 메시지가 영원 철학[세계 고등 종교들의 비의(秘儀)]에 담겨 있다. 그것이 무엇일까?

종교와 과학의 만남

대개 우리가 고려하는 도덕적 대상은 인간을 포함하여 고통과 쾌락을 느낄 수 있는 '동물'까지다. 식물이나 광물은 제외된다(물론 알베르트 슈바이처와 같이 모든 생명을 중시하는 입장도 있고, '가이아 이론'과 같이 지구 자체를 유기체로 보는 입장도 있다). 이는 동물이 인간과 마찬가지로 '쾌락과 고통을 느낄 수 있는 능력' 즉 '쾌고감수능력(sentience)'이 있기 때문이다(식물도 고통을 느끼는가에 대해서는 의견이 분분하다). 그런데 중요한 것은, "왜 도덕적 고려 대상의 기준 잣대가 쾌고감수능력이 되었을까"라는 물음이다. 이것 역시 인간 중심주의적 사고가 반영된 건 아닐까?! 이런 사유는 역시 '코기토(Cogito)'로 상징되는 주체로서의 '인간'과 객체로서의 '자연'이라는 이분법적 사고 위에 기초한다.

이에 비해 헉슬리는 "인간 이하의 생명체, 심지어 사물마저도 존중과 이해를 갖고 다루어야 한다"고 역설한다. 그 까닭이 "세상 속에 신이 계시기" 때문이라고 한다(베르너 하이젠베르크, 2018: 94). 그리고 '세상 속의 신'은 인간과 자연, 인간 이하의 생명체, 그리고 사물까지 하나로 엮는다.

> 세상 속에 신이 계시다는 교리는 중요하고 실제적인 결론에 도달한다. 자연의 신성함과 그런 자연의 영리하고 유순한 협력자가 되기보다는 그 지배자가 되려고 지나치게 애쓰는 인간의 사악함(sinfulness)과 어리석음(folly)이라는. 인간

이하의 생명체, 심지어 사물마저도 인간의 목적을 위해 잔혹하게 억압할 것이 아니라 존중과 이해로 대해야 한다 (Huxley, 1990: 76).

이와 같이 영원 철학의 관점에서는 인간과 동식물, 모든 생명체, 사물이 서로 분리되지 않는다. 특히 주목해 볼 것은 (영원의 철학에서는) 단지 '이분법적 사고에서 벗어나라'는 관점 차원이 아니라, 우리가 취해야 할 마음가짐이나 자세까지 종교 철학적(Philosophy of religion) 관점이나 차원에서 찾는다는 점이다. 요즘과 같은 최첨단 과학 기술 문명 시대에 종교 철학이라니! 여느 토론장에 가서 과학적 분석이나 해석 대신에 종교를 들먹거려 보라. 모두 고개를 돌릴 것이다. 하지만 영원 철학에서는 마치 과학과 종교의 오랜 갈등의 시간과 역사를 잊은 듯, 거의 모든 세계 고등 종교의 기본적 교의가 영원한 진리임을 선언한다. 그리고 물리적 사건조차 과학적 해석 대신에 종교적 차원의 분석(=영원 철학적 해석)을 내린다. 예를 들어 보자. 1) '원자(原子)'가 뭔가? 2) '마음(minds)'이 뭔가? 1번 물음에 대해서는 과학 쪽에서 할 말이 무척 많을 것 같다. 반면에 종교계에서는 아마도 과학계 쪽으로 답변을 넘길 것 같다. 그렇다면 2번 물음은?

여전히 과학 쪽에서는 할 말이 많지만, 과학계 내에서도 입장에 따라(뇌 과학자, 인지 신경 과학, 체화 인지 이론, 도덕 진화론자…) 천차만별의 답이 나올 것 같다. 답을 듣는 사람들도 자신이 듣고 싶어 하는 말만 듣는다. 이에 비해 종교계에서도 무척 다양한 견해가 나오지만, 왠지 사람들은 추앙받는 고승(高僧)이나 선사(禪師)의 말에 귀를 기울일 것 같다. 설령 자신이 생각하는 바와 다를지라도 고승이나 선사의 말씀에 깊은 함의가 담겨 있을 것이라고 생각한다.

종교와 과학을 아우르는 영원 철학

자! 영원의 철학에서는 1번, 2번 질문에 대해서 뭐라고 할까? 이에 대해 프랑스 철학자 르네 게농(Rene Guenon, 1886~1951)은 다음과 같이 답을 한다(1번과 2번 물음을 아우르는 답변이다. 필자가 보기엔 게농의 이 발언이 영원 철학의 핵심 내용 중의 핵심이다. 다소 어렵더라도 두어 번 읽어 둘 필요가 있다. 게농은 영원 철학의 대표적인 인물 중 한 사람으로 평생 형이상학적 개념을 탐구한다. 동양의 형이상학적 이념을 서양식 신비주의에 적용하고자 했다).

> 원자(atom)부터 가장 고도로 조직화된 생명체(living bodies)와 가장 고양된 유한한 마음(minds)에 이르기까지 모든 개별적 존재는 동일한 신성(Godhead)의 창조적 에너지가 분화되고 창조적으로 발산된 것 중의 하나가 근원적인 신성의 빛과 만나는 지점으로 생각할 수 있다(Huxley, 1990: 59).

이해가 가는가? 언뜻 봐서는 이해가 쉽지 않을 것 같다. 그럴 때는 (필자는) 우선 주어와 술어만 따로 떼어 볼 것을 권한다. 그러면 "모든 개별적 존재는 '빛'과 만나는 지점이다." 무슨 빛? '근원적인 신성의 빛'이다. 즉 '원자', '생명체', '마음' 모두 '신성의 빛'이라는 것이다. 바꿔 말하면 인간도 생명체이니, '나' 역시 '신성의 빛'이다. '원자'도 그렇고 '마음'도 그렇다. 그야말로 삼라만상 모두가 근원적인 신성의 빛의 일부다.

헉슬리 자신의 말로 정리해 보면 이렇다. "영원 철학은 사물 · 생명 · 마음의 세계에 본질적인 '신성한 실재(divine Reality)'가 있음을 인정한다"(Huxley, 1990: vii; 나무위키). 이러한 정의(定義)를 보면, 영원 철학은 종교와 과학을 연결하는 매개점(媒介點)에 있음이 분명해 보인다. 너무 과도한 표현일까?

참고문헌

나무위키. “영원의 철학”. https://namu.wiki/w/영원의%20철학

베르너 하이젠베르크(2018). 《물리와 철학》. 조호근 옮김. 서커스출판상회.

허훈(2013). 《영원한 철학: 한 줌 지식의 마중물 효과》. 울력.

허훈(2025). 《특이점과 슈퍼인공지능》. 커뮤니케이션북스.

Friedman, N.(1993). *Bridging Science and Spirit: Common Elements in David Bohm's Physics, the Perennial philosophy and Seth.* MisirwoodbridgeGroup.

Holman, J.(2008). *The Return of the Perennial Philosophy: The Supreme Vision of Western Esotericism.* WatkinsPub.

Huxley, A.(1990). *The Perennial Philosophy.* Harper Perennial Modern Classics.

Lings, M. & Minnaar, C.(2007). *The Underlying Religion: An Introduction to the Perennial Philosophy.* World Wisdom.

McCarthy, J. et al.(2006). A proposal for the Dartmouth summer research project on artificial intelligence, August 31, 1955. *AI magazine, 27*(4), pp.12~14.

07
동서고금 지성의 핵심 영원 철학

영원 철학은 모든 위대한 가르침의 핵심이다. 여러 시대와 문명을 가로지르며 나타난, 본질적으로 변하지 않는 철학이다. 슈퍼 인공지능의 출현이 예상되는 놀라운 신세계에도 영원 철학은 이를 조망할 기본적인 관점을 제공한다. 즉 영원 철학의 형이상학은 인공지능의 가늠자 역할을 한다. 인류 역사상 가장 오랜 역사를 지닌 영원 철학이 현대 최첨단 과학의 총아인 인공지능 문제 해법에 키워드가 될 수 있다.

AI와 윤동주?

인공지능 문제 해법의 키워드 '영원 철학'

대부분의 독자에게 '영원의 철학(Perennial Philosophy)'이라는 용어는 그리 익숙한 단어가 아니다. 간헐적으로 일반 대중서에서도 '영원한 철학', '만년 철학', '항존 철학' 등으로 부르며 언급하기도 했지만, '철학(Philosophy)'이라는 학문 명(名)이 무색하게 국내 학계에서, 특히 철학계에서 특별히 주목했던 학문이 아니다. 국내에서 출간된 수백, 수천의 철학서를 뒤져 보아도 이를 언급한 서적은 거의 찾아볼 수 없다(오히려 외서 혹은 국내 번역서에서 책 겉표지에 이 이름을 붙인 경우가 많다). 하지만 영원의 철학은, 지금까지 수천 년간 철학에서 추구해 왔던 '보편적인 진리'를 담고 있다고 당당하게 선언한다. '영원한 철학'이라는 이름 그대로, 이 철학은 시대와 공간에 따라 변하지 않는 보편적인 진리관, 보편적인 세계관을 담보하고 있다는 것이다.

정말일까? 그것이 가능하기는 한 걸까? 단적으로 말해, 영원 철학은 고래(古來)의 철학자들, 사상가들, 세계의 위대한 영적 스승 중 다수에 의해 받아들여진 공통의 진리관[세계관]이다. 게다가 현대 과학의 엄격한 승인을 거쳤다. 다시 말해 여러 시대와 문명을 가로지르며 나타나는, 본질적으로 유사한 특징을 가진 철학적 내용들을 간추린 것이다. 그래서 시대와 문화를 초월해서 변하지 않는 철학 즉 '영원 철학'이라고 부른다(허훈, 2019: 2). 특히, 영원 철학의 핵심적인 내용은 "'인간 의식'과 '실재(實在)의 본질'에 대한 인류의 공통적인 통찰이 존재한다"는 것인데, 이는 인공지능이라는 새로운 존재(자)의 출현에 뭔가 할 말이 있다는 뜻이다. 실재의 본질? 이는 주목하지 않을 수 없는 각별한 내용이다.

그렇다면, 영원 철학에는 오류가 있을 수 없다는 말인가? 통합 심리학을 주도하는 켄 윌버(Ken Wilber)는 이렇게 답한다. "답은 둘 중 하나다. 하나는 '아직 출현하지 않은 실재를 유일하게 정확하게 반영한 것'이라는 것이고, 다른 하나의 답은 영원의 철학이 '너무도 압도적으로 널리 퍼져 인류 역사에서 나타날 수 있는 가장 거대한 지적 오류'일 수 있다는 것이다"(켄 윌버, 2011: 99).

아마도 후자는 아닐 것이다. "만약에 영원 철학에 오류가 있다면 그것은 동·서양에 두루 걸친, 또 여러 시대에 걸쳐 반복된 오류로서 전(全) 인류의 지적 착각(錯覺)이 있었다는 뜻이 된다." 더구나 "영원 철학의 기본 교의는 3천 년 이상이나 변화하지 않았고, 시간과 장소를 초월하는 보편성을 띠기 때문이다"(허훈, 2019: 8; 존 웰우드 편, 1994: 30).

> 영국의 소설가 올더스 헉슬리(Aldous Huxley)가 '영원한 철학'이라고 부른 것, 즉 모든 주요한 형이상학적 전통의 중심에 가로놓인 인간과 실재(實在)의 본질에 관한 보편적 교의(敎義)로서의 '영원한 철학'에 대한 관심이 지난 수십 년 동안 서구의 심리학자, 신학자(神學者), 과학자, 철학자들 사이에서 격증되어 왔다. 모든 본질적인 측면에서 볼 때 이 교의는 3천 년 이상이나 불변이었다. 그 이유는 이 교의가 시간과 장소가 달라진다고 해서 영향을 받는 일이 없는 실재, 어느 때, 어느 장소에서나 진리가 되는 실재를 표현할 것을 목적으로 하기 때문이다(존 웰우드 편, 1994: 30).

'멋진 신세계'의 영원 철학

올더스 헉슬리는 작가이자 사회 비평가로서 《멋진 신세계(Brave New World)》(1932)라는 작품을 남긴다. 이 소설에서 그는 비인간적 기계 문명이 가져올 지옥을 경고한다(김효원, 2006: 14). 과학 문명이 극도로 발달한 미래 세계(서기 2540년)에는 인간이 모두 인공 수정으로 제조될 것이라고 풍자한다. 사실 먼 미래의 얘기가 아니라, 휴머노이드 로봇이 등장하고 사이보그(cyborg) 인간이 등장하는 현시점에서도 충분히 가능한 얘기다. 그는 초고도 과학의 미래가 겉보기에는 완벽하지만 엄격히 통제된 사회가 될 것이라고 우려한다. 그런 세상이 멋진 세상일까? 모든 인간이 인공 제조되는 세상이? 우리말 번역서들은 한결같이 '멋진 신세계'라고 이름 붙였지만, 원제는 '브레이브 뉴 월드(Brave new world)'다(나무위키). 필자의 생각엔 'Brave'를 '멋진'으로 번역하기보다는, '놀라운'으로 번역하는 것이 어떨까 싶다(그저 디스토피아를 냉소하는 반어법의 표현이라고 한다면 수긍할 수 있지만, 한동안 필자는 책 제목이 주는 이미지와 책의 내용을 연결하느라 애를 먹었다). 브레이브 뉴 월드! 놀라운 신세계! 이는 올해(2025) 나온 영화 〈캡틴 아메리카〉를 보면 알 수 있다. 바로 이 영화의 부제가 '브레이브 뉴 월드'다. 물론 헉슬리의 소설 제목을 그대로 따왔다. 이 영화를 본 사람은 알겠지만, 영화 속의 신세계는 전혀 '멋진 세계'가 아니다. 누군가는 '전 세계를 붉게 장악하려는 사악한 음모'를 꾸미고 또 누군가는 이를 파헤치려 하는 놀라운 사건이 벌어지는 세계다(나무위키).

우리가 지금 슈퍼 인공지능의 출현 가능성을 놓고 갑론을박하는 것도 바로 이런 이유 때문 아닐까? 인간만이 가지고 있고 또 가질 수 있다고 철석같이 믿어 왔던 자의식과 자율성, 자유 의지를 새로운 존재자 슈퍼 인공지능이 향유(享有)할 수 있다고 생각하니, 어떻게 될지 몰라 두려운 것이다. 학창 시절 보았던 교과서에 나오듯, 동물과 비교하는 인간의 특성 중 가장 중요한 것이 바로 '이성적 존재'였다. 그래서 인간은 만물의 영장(靈長)! 말 그대로 "영묘한 힘을 가진 만물의 우두머리"라고 배웠다. 그런데 이것이 이제 무너지려 한다. 아니, 이미 우리는 인간 최고의 바둑 기사를 월등히 능가하는 고도의 인공지능과 맞닥뜨렸다. 그 이후에도 인공지능은 인간 모르게 자기 학습에 가속도를 올리고 있다. 그렇다면 혹여 종내에는 인간이 인공지능에게 종속되는 놀라운 신세계를 맞이할 수도 있지 않을까? 지금 우리는 두려움 속에 떨고 있다. 실제 '거짓말을 하는 인공지능'을 보면서, 그 대책이 무엇인지 골머리를 앓고 있다. 이런 상황을 예견이라도 한 것일까? 이런 비인간적 문명에 대한 우려 때문일까? 헉슬리는 극도로 발달한 과학 문명의 폐해를 극복할 대안으로 영원 철학을 제시한다. 그에게는 영원 철학이야말로 초고도 과학 기술 문명이 초래할 수 있는 부정적 결말에 대한 대응이다. 그것은 무엇일까?

슈퍼 인공지능 출현의 영원 철학적 의미

헉슬리는 1945년 《영원의 철학(The Perennial Philosophy)》을 출판하면서, 물질적인 추구를 넘어 우리 '삶의 궁극적인 목적'을 다시 상기(想起)해 보자고 제안한다. 그런데 정작 문제는 바로 그것, 우리가 '삶의 궁극적인 목적'을 모른다는 것이 아니었던가? (일부 철학자의 주장처럼 '행복' 혹은 '쾌락' 같은 현실적인 목적을 말하는 게 아니다) 지금까지 수백 · 수천 년 동안 사람들이 찾아 헤매었지만 끝내 찾지 못했던 것이 바로 그것인데, 놀랍게도 헉슬리는 이에 대한 답을 내놓는다. 그는 역사상 존재했던 종교, 철학, 심리학 등에 대한 광범위한 고찰을 시도하고, 그 모든 영적 전통에는 몇 가지 근본 원리가 있다고 확신한다. 그리고 우리 삶의 궁극적 목적까지도 밝힌다.

그것이 대체 뭘까? 그가 규정한 영원 철학의 정의(定義)를 보면 알 수 있다.

> 먼저, 영원 철학은 사물 · 생명 · 마음의 세계에 본질적인 '신성한 실재(divine Reality)'가 있음을 인정하는 형이상학이다. 또한 영원 철학은 인간의 영혼에서 '신성한 실재와 유사하거나 동일한 무언가'를 발견하는 심리학이다. 나아가 '모든 존재의 내재적이면서 초월적인 바탕(Ground)에 대한 앎'을 인간의 최종 목표로 두는 윤리학이다(Huxley, 1990:

vii; 나무위키).

어떤가? 좀 난해한 얘기지만, 하나하나 곱씹어 볼 필요가 있다. 이 짧은 내용에 영원 철학의 거의 모든 핵심이 함축되어 있다고 해도 과언이 아니기 때문이다. 하지만 이 정의를 각자 나름 해석하기보다는, 일단 헉슬리 자신의 설명으로 들어 보자. 헉슬리는 자신의 다른 글에서 영원 철학을 상세히 풀어 설명한다. 다른 글의 제목은 "영원 철학(불멸의 철학)의 핵심에는 네 가지 기본적인 가르침이 있다"는 것인데, 여기서 헉슬리는 위의 영원 철학의 세 가지 정의(형이상학, 심리학, 윤리학)를 구체적으로 풀어낸다(Bhagavad Gita, 1972: 13; Laibelman, 2000: 6; 올더스 헉슬리, 1974: 29~30). 이 네 가지 가르침을 별도로 인용하지 않고, 세 가지 정의에 덧붙여 설명해 보겠다(아래 괄호 안의 설명은 온전히 필자가 덧붙인 것이다).

첫째, 영원 철학의 형이상학은, 한마디로 '이 세상 모든 것을 신성(Divine Ground)이 나타난 것으로 본다'는 뜻이다. 여기 '모든 것'에는 물건과 동물과 사람은 물론이고 신(神)들까지 해당한다. 다시 말해 본질적인 '신성한 실재(divine Reality)'가 생명뿐만 아니라 사물과 마음의 세계에도 있다(그렇다고 모두가 똑같다고 할 수는 없다. 모두가 신성의 나타남이니, 본질적인 측면에서는 하나이지만, 현상의 측면에서는 서로 다른 모습으로 존재한다. 동물은 동물이고, 사람은 사람이다. 또 신은 신이다. 그러나 본질은 같다).

둘째, 영원 철학의 심리학은 "인간의 영혼에서 '신성한 실재와 유사하거나 동일한 무언가'를 발견하는 것"이라고 했다. 위 설명대로 "이 세상 모든 것이 신성(Divine Ground)이 나타난 것"이라면 당연히 인간의 영혼에서도 신성한 실재를 발견할 수 있을 것이다. 그래서 사람은 두 가지 성격을 지닌다. 현상적인 자기를 '에고(ego)'라고 부르고, 영원한 자아를 '셀프(Self, 's'를 대문자로 쓴다)'라고 부른다(그래서 거의 모든 영성 서적에서, '에고'에서 벗어나라고 역설하는 것이다).

그리고 셋째, 영원 철학의 윤리학은 "이 세상 모든 것이 신성(Divine Ground)이 나타난 것"이라는 사실을 아는 것이다. 이것이 우리 인간 삶의 최종 목표다. 우리는 왜 사는가? 모든 존재에 내재하면서도 그것을 초월하는 이 '신성(Ground)'을 깨닫기 위해 사는 것이다. 그런데 대체 '신성'이 뭘까? 이를테면 '도(道)', '공(空)', '천(天)', '보편자', '절대자', '한마음[일심]' 등으로 일컬어지는 존재다. 또한 이것은 논리적으로 생각하고 판단하는 '이성' 보다는 직접적인 '직감(직관)'으로 깨달을 수 있는 것이다(김효원, 2006: 14).

이상과 같은 관점에서 보면, 장차 슈퍼 인공지능이 실제 출현하더라도, 그가 어떤 존재일지 가늠이 되지 않을까? 자! 이 글을 읽는 독자는 어떤 느낌이 드는지 필자는 무척 궁금하다. 모쪼록 깊이 명심해 두길 바란다. 이 세 가지 내용이 동서고금의 지성들이 이구동성으로 얘기했던, 시공을 초월하여 변치 않는 진리, 영원 철학의 핵심이다.

참고문헌

김효원(2006). 《올더스 헉슬리: 오만한 문명과 멋진 신세계》. 살림출판사.

나무위키. "멋진 신세계". https://namu.wiki/w/멋진%20신세계

나무위키. "영원의 철학". https://namu.wiki/w/영원의%20철학

나무위키. "캡틴 아메리카: 브레이브 뉴 월드". https://namu.wiki/w/캡틴%20아메리카:%20브레이브%20뉴%20월드

올더스 헉슬리(1974). "不滅의 哲學(Perennial Philosophy)". 《씨알의 소리》, 3월호, 28~37쪽.

존 웰우드 편(1994). 《동양의 명상과 서양의 심리학》. 박희준 옮김. 범양사출판부.

켄 윌버(2011). 《켄 윌버의 일기》. 김명권·민회준 옮김. 학지사.

허훈(2019). "사상체질의학의 영원 철학적 접근". 《사상체질의학회지》, 31, 1~12쪽.

Bhagavad Gita(1972). *Bhagavad Gita*. New American Library.

Huxley, A.(1990). *The Perennial Philosophy*. Harper Perennial Modern Classics.

Laibelman, A. M.(2000). *The Other Perennial Philosophy: A Metaphysical Dialectic*. University Press of America.

08
사분면 철학

영원 철학의 방법론은 하나의 주제를 넷으로 나누어 조망하는 사분면 철학이다. 사분면은 우주 구성의 근본적 차원이자 근본적인 시각이다. 이를 어떤 문제를 거시적으로 바라보는 통합적인 접근법으로 사용할 수 있다. 중국과 한국에서 시작된 동양의 사분면 철학이 최근 서구에서도 등장하여 센세이션을 불러일으키고 있다. 이를 활용하여 인류가 맞닥뜨리는 모든 문제 해결의 마스터키로 사용한다.

AI와 한의학?

우주를 보는 근본적인 시각 '넷[四]'

사분면(田) 모델은 인간의 의식과 현실을 네 공간으로 나눠 이해하는 모델이다. 이를 학계에서는 네 가지 형상 즉 '사상설(四象說)'에 입각하여 이론을 펼치고 있다고 하여 '사상 철학(四象哲學)'이라고 부른다. 또한 이 '사상설'은 조선 말기의 유학자이자 의학자였던 동무 이제마(1837~1900)가 정립했다고 하여, 그의 의학을 '사상 의학'이라고 부른다. 요컨대, 널리 알려진 이제마 '사상 의학'의 이론적 · 철학적 배경이 바로 '사상 철학'이다. 이렇듯, 바로 이런 이유 때문에, 지금까지 국내에서의 사상 철학은 주로 (한)의학적 범주 내에서 거론되어 왔다. 하지만 중요한 것은, "우주의 변화 양상을 넷으로 나눠 볼 수 있다(⚎, ⚌, ⚍, ⚏)"는 발상은 비단 의학에만 적용되지 않는다는 사실이다. 실제로 그의 사상설이 본격적으로 연구되기 시작한 이후(1920년대 중반 이후), 한 세기를 조금 넘긴 이 시점에 그의 사상설은 다양한 학문 분야에 전방위적으로 응용 · 확산 되어 가는 중이다. 이와 관련하여 흥미로운 얘기가 전해진다. 그는 아들에게 유언을 남기면서 "내(이제마)가 죽고 100년이 지나면 나의 이론이 온 세상을 풍미(風靡, 바람에 몰려 초목이 쓰러지듯이, 어떤 현상이나 사조 따위가 널리 사회에 퍼질 것)

하게 될 것"이라고 말한다(더위키). 과연 그랬을까?

정말 그의 말 그대로 최근 서구에서도 판박이라고 할 수밖에 없는 사상설이 등장한다[동무 사후 한 세기가 지나자, 서구에서도 사상설(사상한)이 널리 확산되고 회자되기 시작한다]. 흔히 우리말로 '사상한(四象限)'으로 번역하는, 켄 윌버(Ken Wilber, 1949~)의 이른바 '아퀄(AQAL, All Quadrants All Levels)'이 바로 그것이다. 윌버는 통합 심리학을 대표하는 세계적인 학자로서, 그에게는 '의식 연구 분야의 아인슈타인'이라는 거창한 수식어가 붙는다. 여러 이유가 있지만, 그 주된 이유는 그가 '사상한(AQAL)'을 제시했기 때문이다. 그는 통합 심리학에 관한 수많은 저술 활동을 하며 바로 '사상설' 즉 '사상한'을 이론적 기반으로 삼아 자신의 학설을 구축한다. 이제 윌버의 사상한 모델 역시 학계는 물론이고 일반 대중에게도 널리 알려져 있다.

윌버의 주장에 따르면 '사상한' 모델은 유사 이래 없었던 것인데, 자신이 독창적으로 처음 창안한 것이다(아마도 윌버는 동무 이제마의 '사상설' 혹은 '사상 의학'에 관해 듣지 못한 것 같다). 또한 인류가 맞닥뜨리는 모든 문제 해결의 마스터키와 같은 역할을 할 것이라고 호언장담한다. 아주 담대한 주장이 아닐 수 없다. 그래서 아퀄을 "나 자신과 내가 서 있는 이 신세계에 대한 포괄적인 지도(地圖, Integral Map)"라고 부른다(Wilber, 2007: 15). 바로 이 점에 주목할 필요가 있다. 설령 그의 말에 다소 과장이 있다손 치더라도 그의 확신에 찬 담대한 주장에는 그만한 까닭이 있고 이론적 배경이 깔려 있다. 자! 그것이 무엇인지 자세히 들여다보자.

우주의 사분면, 사분면 접근법

윌버에 따르면, 지금의 우리는 역사상 처음으로 누구나 손쉽게 전 세계의 문화를 접할 수 있게 되었다. 이에 지구상에 존재하는 모든 문화를 배우고 경험할 수 있게 됨에 따라 지식 자체가 이제는 전 세계적인 것이 되었다는 것이다. 이를 바탕으로 그는 "지금 우리에게 열려 있는 인류의 지식 전체에 근거해서 인간의 (영적, 심리적, 사회적) 성장에 결정적으로 중요한 열쇠가 무엇인지를 찾으려고 한다면 어떻게 될까"라고 묻는다(Wilber, 2007: 16). 여기서 '열쇠'란 "모든 문화가 지니고 있는 최고의 요소들을 포함하는 포괄적인 통합 지도"를 의미한다. 한마디로 말해, 그는 "인간의 가능성에 대한 포괄적인 지도"를 만들려 한다. 이를 위해 지난 몇십 년 동안 조사를 진행하였고, 멀리는 고대 샤먼과 현자들로부터 가까이는 눈부시게 발전한 현대의 인지 과학에 이르기까지, 인간 성장에 관해 알려진 모든 시스템과 모델을 원용한다. 그러고는, 마침내 이들 속에서 뽑아낸 다섯 가지 중요한 요소[인자(因子)]를 이용하여 통합 지도를 만든다. 그것이 바로 '사상한'이라는 것이다. 그렇다면 '다섯 가지 요소'는 뭘까? 'AQAL'의 '모든 네 분면(all quadrants)', '모든 수준(all levels)' 외에도, '모든 라인(all lines)', '모든 상태(all status)', '모든 타입(all types)'이 있다. 이 요소들이 "엄청나게 복잡한 인간과 그런 인간이 우주와 관계를 맺는 양상을 어마어마하게 간단하게 표현할 수 있다"고 보는 것이다(Wilber, 2007: 84). 겨우 다섯 가지 요소로 인간과 우주가 맺는 관계를 망라한다고?

이게 정말 사실일까? 먼저 사분면(田)을 보자. 사분면은 '우주를 구성하고 있는 근본적인 차원' 내지는 '우주를 보는 근본적인 시각'을 넷으로 나눠 볼 수 있다는 뜻이다. 곧 '개인과 집단의 내면과 외면'이 그것이다. 즉 개인의 내면과 외면, 집단의 내면과 외면이니, 넷(사분면, 田)이 아닌가. 이렇게 넷으로 나눠 보아야 (예컨대) 좌상: 개인 차원의 의식 문제(=개인의 내면), 우상: 어떤 사람의 신체적 행위 문제(=개인의 외면), 좌하: 집단의식에서 비롯되는 문제(=집단의 내면, 문화적 차원), 그리고

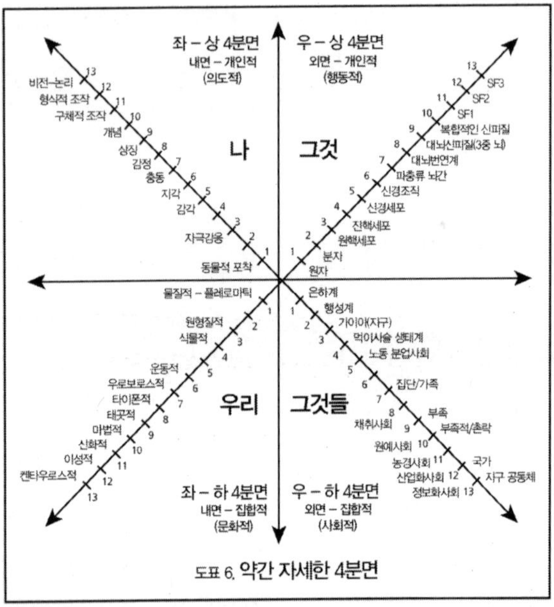

그림 8-1. 약간 자세한 사분면(Wilber, 2007: 71)

우하: 시스템 이론 같이 사람들의 외적인 형태나 행동양식의 문제들(=집단의 외면, 사회적 차원)을 모두 포괄할 수 있게 된다. 정말 그럴까? 주위를 둘러보자. 우리 인간 삶의 현실(reality)은, 그 모든 삶의 문제는 언제나 네 가지 분면['나(개인)'와 '우리(문화)'와 '자연'과 '사회'] 안에

존재한다. 이 사분면이 포괄하지 못하는 무언가는 없다. 〈그림 8-1〉은 윌버가 제시하는 우주의 사분면이다. 자! 혹시 이 그림 속에 뭔가 빠진 게 있을까?

이 네 분면은 상호 연동되어 있어 서로 단절될 수 없는 관계에 있지만, 그렇다고 네 구획의 경계를 무너뜨려도 곤란하다. 즉 문제 해결에 네 분면 중 어느 하나라도 빠지면 온전한 해결책이 되기 어렵다는 점이 매우 중요하다. 또한 사분면 각각은 모두 발달 수준(ex. 육체→마음→영), 발달 라인(ex. 인지, 정서, 도덕성, 영성 등), 어떤 상태(ex. 물질-에너지 상태, 의식 상태 등)를 보여 준다. 그리고 모든 네 분면에는 타입(ex. 남성 타입, 여성 타입 등)이 있다(Wilber, 2007: 75~82). 이렇게 거칠게 요약하지만, 시간 여유를 갖고 하나하나 그 의미를 새겨볼 필요가 있다. 특히 사분면 접근법이 실제적인 문제 해결에 얼마나 큰 효용성을 갖는지 알아 두었으면 한다. 짤막한 예를 하나 들어 보자. 정책적으로 교통사고율을 낮추기 위해 '안전 운전'을 저해하는 요소가 뭔지 당국에서 조사를 한다고 해 보자. 무엇이 떠오르는가? 아마도 수많은 요인을 나열할 수 있을 것이다. 그렇지만 사분면 접근법으로는 그 요인들 전부를 모두 네 분면에 각각 귀속시켜 정리할 수 있다. 즉 1) 좌상: '나(I)' —운전자의 내적 기술

(기능)과 마음가짐, 2) 좌하: '우리(We)' – 상대 운전자의 안전 운전, 3) 우상: '그것(It)' – 차량의 정비, 4) 우하: '그것들(Its)' – 교통 여건, 도로 사정 등이 그것이다.

이것들 외에도 다른 어떤 요인이 있을 수 있지만, 그 역시 네 영역 중 하나에 포함할 수 있을 것이다. 왜 사분면인가? 1) '나(I)' – 내가 운전 실력이 부족하거나 (실력이 좋아도) 졸음운전을 하면 사고율이 높아진다. 2) '우리(We)' – 나는 안전 운전을 하지만, 상대 운전자가 난폭 운전이나 음주 운전을 하면 사고율이 높아진다. 3) '그것(It)' – 아무리 운전자가 안전 운전을 한다고 해도 급발진과 같은 사고에는 대책이 없다. 4) '그것들(Its)' – 사람들이 모두 안전 운전에 최선을 다하고 있다고 해도, 빙판길, 싱크홀, 도로 유실, 천재지변 등에는 무력하기 짝이 없을 것이다. 이 넷[四, 田] 중에서 한 가지라도 문제가 있으면? 당연히 핵심 요소가 하나 빠지는 것이다. 그러면 온전한 정책이 나오겠는가(허훈, 2013: 265).

다시 정리해 보자. 1) 사분면, 2) 수준, 3) 라인, 4) 상태, 5) 타입 이렇게 다섯 가지 요소가 우주와 인간이 맺는 관계의 모든 양상을 표현한다. 이것이 전부다. 따라서 어떤 일을 도모한다면 이 다섯 가지 요소를 필수적으로 고려하는 데서 시작해야 한다. 요컨대, '통합 지도'로서의 통합 모델은 "진정으로 중요한 요소들을 통합적으로 다룰 수 있는 가장 간단한 모델"이다(Wilber, 2007: 84). 이 모델은 '우주를 구성하고 있는 근본적인 차원'인 동시에 '우주를 보는 근본적인 시각'이기에 우리가 기획하는 일의 가장 기본적인 토대로 삼을 수 있고, 세상을 보다 거시적인 시각으로 보는 데 도움이 된다. 그런데 다섯 요소 중 그 핵심적인 내용은 '사분면'과 발달 '수준'에 있으니, 이 다섯 요소를 간단하게 줄여서 "모든 사분면, 모든 수준" 즉 '아퀄'이라고 부르게 된 것이다.

통합 운영 체제와 인공지능 문제

한편 윌버는 그의 통합 지도를 다른 말로 '통합 운영 체제(IOS, Integral Operating System)'라고도 일컫는다. 통합 지도가 마치 정보 네트워크에서 다양한 소프트웨어 프로그램을 돌리기 위한 기초 구조와 비슷하기 때문이다(Wilber, 2007: 19). 지금 우리가 아이폰에서 사용하는 소프트웨어 운영 체제인 'iOS(iPhone Operating System)' 개념과 유사하다는 점이 흥미롭다. 그렇다면 이 통합 운영 체제(IOS)를 지금 인류 지상 최대의 과제라고 할 수 있는, 인공지능 개발에서 파생될 수 있는 문제의 해법으로 삼을 수는 없을까? 일단, 답은 ○도 ×도 아닌 △다.

안타깝게도, 윌버 스스로 밝히듯이 IOS는 '(통합) 지도'이지 '실제 땅[地]'이 아니다. 윌버는 이렇게 말한다. "요컨대, 통합적인 접근은 자신과 주변의 세상을 보다 더 포괄적이고 효과적으로 보는 데 도움을 준다. 그러나 출발하기 전에 반드시 기억해 두어야 할 사실이 있다. 통합 지도는 어디까지나 지도일 뿐이라는 것이다. 그것은 실제 땅이 아니다. 지도와 실제 땅을 혼동하는 것을 원치 않는다"(Wilber, 2007: 18). 그의 말 그대로 '지도(地圖)'에는 지표의 상태가 평면에 나타나 있어, 세상의 모습을 한눈에 거시적으로 보는 데 도움이 된다. 하지만, 거기 숨어 있는 '지리(地理)'는 알 수 없다. '지리'가 뭘까? 지형이나 방위에 관한 이론이나 지표상에서 일어나는 현상에 대한 '이치'다. 길을 찾기 위해서는 '지도'도 필요하지만, 궁극적으로는 '지리[원리]'를 알아야 한다. 그래야 보다 근원적인 이해가 가능하고 또 적실한 해법도 마련할 수 있는 것이 아닐까? 그때야 비로소 현실의 다양한 문제 해결에 대한 진짜 마스터키를 쥐게 될 테니 말이다. 그렇다면 대체 그 원리는 어디에 있을까?

참고문헌

더 위키. "이제마". https://thewiki.kr/w/이제마

허훈(2013). 《영원한 철학: 한 줌 지식의 마중물 효과》. 울력.

Wilber, K.(2007). *The Integral Vision: A Very Short Introduction to the Revolutionary Integral Approach to Life, God, the Universe, and Everything*. Shambhala.

09
물질개벽과 정신개벽

오랜 역사를 지닌 한국 영원 철학의 핵심은 물질개벽과 정신개벽에 있다. 인공지능의 등장과 슈퍼 인공지능이 등장하는 특이점의 도래 예측은 물질계에 새로운 차원이 열리는 물질개벽을 뜻한다. 물질개벽에 상응하는 정신개벽이 없으면 문명의 위기를 초래한다. 우리가 나아갈 길은 바로 정신개벽이다. 동양 사상은 인공지능 시대에 우리가 직면한 절체절명의 위기에 대처할 수 있는 지혜를 담고 있다.

AI와 화장품?

문제 해결의 마스터키 '역리'

지표상에서 일어나는 현상에 대한 이치가 '지리(地理)'다. 우리는 이 '지리'에 대응하는 용어로써 흔히 '천리(天理)'라는 말을 사용한다. '천리'는 좀 더 넓은 의미로 "천지자연의 이치"를 뜻한다. 그런데 일찍이 천지를 통틀어, 천지 만물의 생성과 순환의 원리를 꿰뚫어 본 이가 있다. '지도(地圖)'처럼 표면적인 현상을 보는 것이 아니라 '지리'처럼 현상의 바탕에 깔린 그 원리를 파악해 낸 것이다. 그것도 지리뿐만 아니라 천리까지. 중국 북송 시대의 학자였던 소강절(邵康節, 1011~1077)은 우주 전체를 하나의 원리로 관통했다고 스스로 자부하고, 호기(豪氣)에 찬 장담을 한다.

> 이 천지 바깥에 또 다른 천지가 있으면 모르되 비록 몸은 천지보다 뒤에 났으나, 내 마음은 천지보다 앞서도다. 이 천지 안의 일은 내가 모르는 게 없으리라(此天地外 別有天地卽已 身生天地後 心在天地先 此天地之內事 吾無所不知). (《격양집(擊壤集)》, 〈자여음(自餘吟)〉)

이 발언이 허풍이 아니라면, 그는 그야말로 모든 것을 관통하는 하나의 원리, "인간의 가능성에 대한 포괄적인

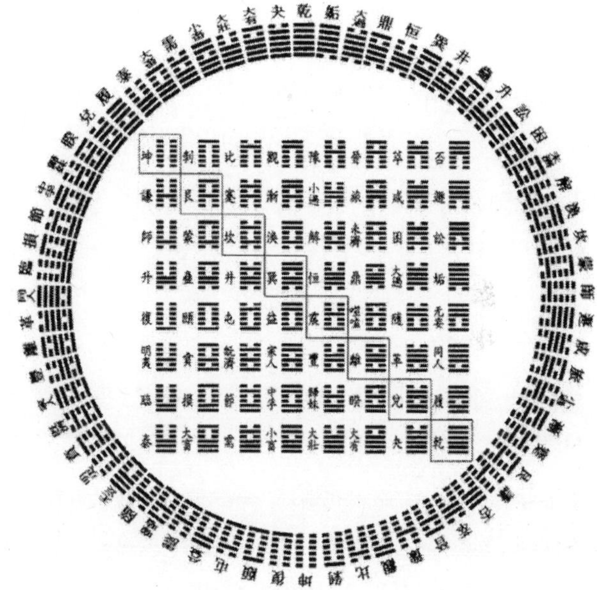

그림 9-1. 선천 64괘 방원도(김석진, 2004: 8)

지도[현상]"를 넘어서는, 근본 원리[이치]를 꿰뚫어 봤다는 얘기다. 대체 그것이 뭘까? 단도직입적으로 말하자면 '역리(易理)'다[〈그림 9-1〉을 참고하라. 〈선천 64괘도〉라는 그림인데, 바깥쪽 원(圓, 하늘 상징)과 안쪽 사각형(땅 상징, 8×8=64)에 각각 64괘가 표시되어 있다. 64괘는 "자연계의 모든 변화를 포함한다". 그야말로 "모든 변화[易]"다. 독자들도 관심을 두고 차후에 깊은 연구를 해 볼 필요가 있다].

또한 소강절은 "내 마음은 천지보다 앞서도다"라고 하여, "온갖 조화는 모두 마음에서 생긴다"고 주장한다(곽신환, 2015: 77). 천지가 먼저 있었고, 몸은 그 뒤에 생겼지만, 마음은 천지보다 앞서 있었다는 것이다. 그는 말하기를, "온갖 조화, 온갖 일은 모두 마음에서 일어난다. … 내가 종일토록 말한 것이 이것에서 벗어난 일이 없다. 무릇 천지 만물의 이치는 모두 그 속[마음]에 있다"고 한다(《황극경세서(皇極經世書)》, 〈관물외편(觀物外篇)〉). 그래서 그의 역학을 '심역(心易)'이라고 부른다.

그렇다면 이 '심역'은 윌버의 '아퀄(AQAL)'과는 무슨 차이가 있을까? 윌버는 그의 '아퀄'을 "모든 것의 이론(TOE, A Theory of Everything)"이라고 부른다. 비록 표면적인 현상을 보여 주는 '(통합) 지도'지만, "인간이 우주와 관계를 맺는 양상을 모두 포괄한다"고 보기 때문이다. 그렇다고 이 지도를 '원리(theory)'라고 부를 수 있을까? 반면에 '심역(心易)'은 말 그대로 '원리'다.

다시 말해 동양에서의 '모든 것의 이론(TOE)'은 바로 '역리'다(허훈, 2023: 194). 역(易)의 이치? 여느 독자에게는 무척 생경한 단어일 수 있다. 하지만《역경(易經)》즉《주역(周易)》은 대다수의 동양 철학자에게 사서삼경의 모본(母本)이 되는 책이다. 즉《시경》,《서경》을 비롯하여《논어》,《맹자》,《중용》,《대학》의 근본이 되는 경전이다. 소강절은 역의 이치를 깨닫고,《주역》을 새롭게 해석하여 상수학(象數學)이라는 역학의 흐름을 주도한다. 거칠게 말해, 상수학은 '상(象, 모습 · 형상)'과 '수(數, 숫자 · 셈)'의 이치로써 미래를 예측하는 학문인데, 소강절은 이에 정통한 대가였다. '미래를 내다볼 수 있었던, 뛰어난 예지력을 지녔던 소강절'에 관한 여러 일화는 널리 회자되고 있다. 공중파 방송에 여러 차례 나왔던 유명한 일화 한 편은 "이 천지 안의 일은 내가 모르는 게 없으리라"라는 그의 호언장담이 단순한 허풍이 아니었음을 방증한다. 다음은 한 일간 신문에 실린 기사 내용이다.

아들부터 9대손 앞날까지 손금 보듯 신들린 점괘 적중률 … 그의 정체는?

결혼 첫날밤, 소강절은 부인을 재워 놓고 밤새 점을 치고 있었다. 그가 궁금했던 건 이 첫날밤 행사로 자식이 생겼을까 하는 것. 점을 쳐 보니 과연 아들이 들어섰다는 점괘가 나왔다. 내친김에 손자와 그다음 후손들의 앞날까지 점을 쳤다.

그러던 중, 9대손에 이르러 불길한 점괘가 나왔다. 9대손이 역적 누명을 쓰고 죽을 운명이었던 것이다. 세월이 흘러 소강절은 임종을 앞두고 유품 하나를 남겼다. "이것을 9대손에게 물려주고 집안에 큰일이 생기면 풀어 보게 하라"는 유언과 함께….

300년 후, 소강절의 9대손은 정말 역적 누명을 쓰고 멸문지화를 당할 처지에 놓였다. 그는 9대조 할아버지의 유품을 열어 볼 때가 되었음을 직감했고, 드디어 보자기를 풀었다. 그 안에는 "지체하지 말고 이 함을 형조 상서에게 전하라"는 메시지가 있었다.

그는 그길로 형조 상서를 찾아갔다. 형조 상서는 300년 전 대학자인 소강절의 유품이 왔다는 소식을 듣고 황급히 나와 예를 다해 유품을 받았다. 그런데 그가 유품을 받기 위해 마당에 내려서자마자, 서까래가 내려앉으며 집이 무너지고 말았다. 순식간의 일이었다.

더 충격적인 것은 가져온 함 속에 있었던 소강절의 편지 내용이었다. 거기엔 "당신이 대들보에 깔려 죽었을 목숨을 내가 구해 주었으니, 당신은 나의 9대손을 구해 주시오"라는 내용이 적혀 있었다. 상서는 그길로 재수사를 명했고, 9대손의 무죄를 입증해 주었다(안도균, 2011).

자! 이 정도의 예지력이라면, 이 사건이 정말 사실이라면, 가히 '역리'는 '모든 것의 이론'으로서 부족함이 없지 않을까? 향후 슈퍼 인공지능이 정말로 세상에 출현한다면, 그 초고도 지능의 능력은 소강절이 보여 준 예지력을 능가할 수 있을까? 능가할 수 없다면 인간의 자기 계발의 방향이 어느 쪽일지 가닥이 잡히질 않는가? 우리는 어디로 가야 하는가?

모든 것의 이론으로서의 사분면 철학

윌버는 자신의 '사상한(AQAL)' 모델이 "인류가 맞닥뜨리는 모든 문제 해결의 마스터키와 같은 역할을 할 것"이라고 장담한다. 하지만 '실제 땅[=원리]'이 아니라 하나의 '(현상을 묘사하는) 지도'라는 한계가 있음을 스스로 밝힌다. 즉 '아퀄'은 인간과 우주가 맺는 모든 관계를 망라하고 있지만, 그 바탕 원리나 이치를 모르기 때문이다. 반면에, 소강절의 예지력은 단순한 영감이나 직감이 아닌 바로 '상(象)과 수(數)의 이치'에서 나오는 것이다. 특히 그는 '수리(數理)'에 주목하여 숫자로써 천지의 이치를 헤아린다는 점이 중요하다[소강절의 역(易) 이론의 이런 점이 라이프니츠의 이진법에 영향을 끼쳤다 한다].

이뿐만이 아니다. 더욱 놀라운 것은 '아퀄'을 우리말로

'사상한(四象限)'으로 번역하듯이, 소강절 역시 삼라만상을 아우를 수 있는 숫자를 '넷[四]'으로 보았다는 사실이다. 왜 그럴까? 그가 보기엔 인류 역사는 '넷'이라는 수의 변천과 순환일 따름이다. '춘·하·추·동'이라는 사시(四時)가 그렇고, 생·장·염·장(生長斂藏)이라는 천지 이법도 넷이다. 즉 우주는 1) 낳고, 2) 자라고, 3) 수렴하고, 4) 저장하는, 정해진 네 사이클로 순환한다. 바로 이것이 우주와 인간의 네 국면의 바탕에 놓여 있는 원리와 철학 즉 사분면 철학이다.

우리는 이 사분면 철학에서 몇 가지 중요한 시사점을 얻는다. 먼저, "모든 조화, 모든 일은 모두 마음에서 생긴다"라는 소강절의 견해는 곧 영원 철학의 핵심적 내용이다. 영원의 철학에서는 '온 우주가 곧 한마음'이라고 했다. 소강절은 만물의 생성과 조화의 실정(實情)을 설명함에 '모두 마음에서 생긴다'라고 하여 이구동성의 목소리를 낸다(곽신환, 2015: 77).

더구나 최근 서구에서 등장한 윌버의 아퀄(1995~)과 소강절(1011~1077)의 수리론은 '사상한(사분면)'이라는 측면에서 동일한 모델이다. 나아가 사분면 철학은 유학자이자 의학자였던 동무 이제마(1837~1900)에 의해 더욱 정교하게 체계화된다(일명 '사상 의학'과 '사상 철학'이 그것이다). 거의 천년에 가까운 시대를 뛰어넘어 세 사람의 기본적인 생각이 일치한다는 사실은, 이들의 이론을 인류 공통의 진리 즉 영원의 철학으로 간주하기에 충분해 보인다(아마도 윌버는 소강절의 철학이나 역학 혹은 동무 이제마의 사상 의학에 대해 듣지 못한 듯하다. 그의 저작물은 2025년 현재 40여 권에 달하는데, 소강절이나 동무에 대한 언급을 찾아볼 수 없다).

또한 최첨단 과학 시대, 특히 그 총아라고 할 수 있는 인공지능과 관련해서 사분면 철학은 커다란 시사점을 준다. 왜? 모든 것의 '지도'일 뿐만 아니라 '원리'로서 '모든 것의 이론'이기 때문이다.

우리가 나아갈 길, 정신개벽

우리는 아직 인공지능 개발의 끝이 어디까지인지[약인공지능-강(범용)인공지능-슈퍼 인공지능?] 모른다. 추측은 하지만 확신을 갖지 못한다. 그러나 분명한 것은 인공지능이 희망을 줌과 동시에 우려할 만한 위기를 초래할 수 있다는 데는 동의한다. 심지어 인류의 실존을 위협할 수 있다고 전망하는 이들도 있다. 정말 언젠가 강인공지능이나 슈퍼 인공지능이 우리 눈앞에 나타난다면, 어떤 일이 벌어질까? (가능할지 모르지만) 자의식과 자율성을 지닌 인공지능이 나타나서 우리 인간의 통제에서 벗어나는 상황이라면, 우리는 어찌할 것인가? 필자는 '사분면 철학'에서 그 해법을 모색한다. 왜? 다시 말하지만, 사분면 철학은 '모든 것의 이론(TOE)'이 될 수 있기 때문이다. 요컨대, 사분면 철학을 알면 역사의 흐름을 알 수 있다.

아무것도 확실한 것은 없지만, 이미 드러난 분명한 사실은, 우리가 사는 이 과학 시대는 전체 역사를 놓고 볼 때 극히 짧은 시간에 이루어진 아주 최근의 일이라는 것이다. 약 300만~350만 년이라는 인류의 역사에 '농업(신석기) 혁명'은 (길게 잡아도) 불과 1만 년 전에 일어난 사건이다(위키백과). 인류는 자그마치 (최소한) 299만 년 동안 원시적인 수렵 · 채집 생활로 연명했다. '과학 혁명'은 언제 일어났는가? 또 '산업 혁명'은 언제 시작됐을까? 각각 17세기, 18세기다. 인류의 약 300만 년 역사에서 불과 3, 4백 년 전 일이다. 그리고 과학자 존 매카시(John McCarthy, 1927~2011)가 '인공지능(artificial intelligence)'이라는 명칭을 처음 언급했던 시기가 1955년이다(용어가 나온 지 이제 겨우 70년이다)(허훈, 2025: 69).

이 모든 사건들의 의미는 뭘까? 왜 갑작스레 과학 기

술의 발전 속도가 이토록 빨라졌을까? 왜 우리는 여기(최첨단 과학 인공지능 시대)에 있는 걸까?

동양(한국) 철학에서는 이 사건들을 '역리'에 의거하여 '물질개벽(物質開闢)'이라고 부른다. 조선 말기의 몇몇 선각자들은 '우리가 현재 물질개벽 시대를 맞이하고 있다'고 진단한다. 즉 우리가 사는 이 시대는 '열 개(開)', '열 벽(闢)', 즉 물질계에 새로운 차원이 열리는 시대다(허훈, 2025: 92). 그들은 인공지능의 출현을 예견이라도 한 듯 물질계에 새로운 차원이 열린다고 보았다. 새로운 차원이란 자연물에서 볼 수 없었던 새롭고 낯선 존재자 인공지능의 출현 아닐까?

그렇다면 우리는 무엇을 준비해야 하는가? 영원 철학에 따르면, 인간은 인공지능과 달리 영적(靈的)인 존재다. 소강절의 유품에서 나온 편지 내용을 다시 보자. 요컨대, (소강절이 보여 주었듯이) 영적 지혜를 기르는 것! 이른바 '정신개벽(精神開闢)'이다. 천지보다 앞서 있었던, 천지 만물의 모든 이치를 담고 있는 마음공부를 하는 것이다. 물질개벽에 상응하는 정신개벽만이 우리가 나아갈 길이다.

참고문헌

곽신환(2015). 《조선유학과 소강절 철학》. 예문서원.

김석진(2004). 《대산 주역강의1》. 한길사.

소옹(n.d.). "관물외편(觀物外篇)". 《황극경세서(皇極經世書)》.

소옹(n.d.). "자여음(自餘吟)". 《격양집(擊壤集)》.

안도균(2011.11.21). "아들부터 9대손 앞날까지 손금보듯 신들린 점괘 적중률… 그의 정체는?". 《서울신문》. https://www.seoul.co.kr/news/plan/toktok/2011/11/21/20111121021006

위키백과. "농업 혁명". https://ko.wikipedia.org/wiki/농업_혁명

허훈(2023). "東武 《格致藁》 〈太極圖〉의 易理的 이해: 켄 윌버의 四象限 詳細圖와 비교하여". 《의철학연구》, 36, 157~198쪽.

허훈(2025). 《특이점과 슈퍼 인공지능》. 커뮤니케이션북스.

10
슈퍼 인공지능과 포스트휴먼 문명

동서양의 전통 철학과 윤리학은 학파 간에 서로 대립각을 세웠던 치열한 논쟁의 역사였다. 인공지능의 등장은 인간의 무지를 깨닫게 하고 인간의 자기반성을 촉구하는 계기로 작용하고 있다. 장차 등장할 것으로 예상되는 슈퍼 인공지능의 출현의 의미는 지난 모든 세기의 지혜를 모아 인류의 지성이 새롭게 거듭나기를 요청하는 것이다. 바야흐로 마음 중심의 포스트휴먼 문명이 열리고 있다.

종교와 AI?

인간의 자기반성을 촉구하는 인공지능

2025년 현재 우리 인류는 '인공지능(Artificial Intelligence)'이라는 용어를 만난 지 정확히 70주년을 맞는다(1955~2025년). 누군가에겐 짧지 않은 시간으로 느껴질 수도 있지만, 약 300~350만 년이라는 인류 전체의 역사를 놓고 보면 분명 한순간(瞬間)이 아닐 수 없다. 말 그대로 '눈 깜짝할 사이'에 과학 혁명, 산업 혁명이 일어나고 인공지능이 출현했다. 이것(과학 기술 문명 시대의 도래)만으로도 놀라운 일이지만, 인공지능의 개발은 그 이전의 산업 혁명과도 궤를 달리하는 매우 충격적인 사건이 되었다. 순수 자연의 산물로 간주되던 '지능'을 이제 인위적으로 만들 수 있게 됨에 따라 인간도 신처럼 창조주의 반열에 오르게 되었다. 이뿐만이 아니다. 얼마 전까지만 해도 상상조차 할 수 없었던 놀라운 일들이 연일 벌어지고 있다. 알다시피 최근 매스컴이 쏟아 내는 소식들은 주로 인공지능 개발 관련 정보지만, 이 외에도 전 세계적인 기후 위기와 이에 따른 지구촌 재난 상황, 지구 전체를 초토화할 수 있는 신무기와 핵무기 개발, 새로운 바이러스의 출현과 전 세계적인 감염병 유행 가능성 등이 있다. 정말 듣기만 해도 끔찍한 일들이 아닐 수 없다. (물론 인공지능 개발에 따른 장밋빛 미래 전망, 온정을 나눈 이야기, 희망찬 밝은 미래를 전망하는 등 긍정적인 소식들도 적지 않다).

그런데 정작 궁금한 것은 "왜 우리는 이토록 급변하는 세상, 주로 세기적인 비극을 듣는 '이 순간(한순간)' 안에 있는 것일까"라는 것이다. 지난 수백만 년 동안 인류는 이런 유(類)의, 전(全) 지구적인 급변에 대한 걱정 없이 살아오지 않았던가. 그런데 갑작스레 유사 이래 존재하지 않았던 새로운 존재자 인공지능을 개발하고, 그 정체성이 무엇인지를 묻게 된 것일까? 아무튼 그 과정에서 우리는 인공지능이 인간과 무엇이 같고 다른지를 파악해야 하는 선결 과제를 떠안게 되었다. 하지만 어찌 보면 퍽 다행스러운 것은, 우리 인간이 자기 자신을 모른다는 사실을 새삼 알게 되었다는 것이다. 자신이 모른다는 사실을 모르면 아무런 자기반성도 있을 수 없고 따라서 발전도 없을 것이기 때문이다.

소크라테스는 "자신이 모른다는 것을 아는 것이 진정한 지혜의 시작"이라고 했다. 아울러 자신의 무지를 인정하고 새로운 지식을 탐구하고자 '산파술(産婆術)'이라는 방법을 쓴다. 이는 "상대편에게 질문을 던져 스스로 무지(無知)를 깨닫게 함으로써 사물에 대한 올바른 개념에 도달하게 하는 방법이다"(네이버 국어사전). 그렇다면 질문을 던져 보자. "당신은 누구인가?" "인간은 어떤 존재인가?" "인공지능은 무엇이고 인간 존재와 어떻게 다른가?" "또 무엇이 같은가?" 이 질문 중 하나라도 확실한 답을 할 수 있는 게 있을까?

이 모든 인간의 무지를 알려 준 존재가 고맙게도 인공지능이다. 인공지능이 직접 알려 준 게 아니라 인공지능이라는 새로운 존재자의 등장 자체가 우리 자신을 돌아보게 만들고 인간의 자기반성을 촉구하는 계기가 되었다. 필자는 이것이 인공지능 출현의 역사적 의미이자 인류사적 의의라고 생각한다. 인공지능이 바로 인간의 자기 성찰의 기회! 이런 생각은 필자만의 독견(獨見)이 아니다. "인공지능은 인간의 자기반성을 유발하는 환기적 대상"이라는 지적이 있다. 인공지능이라는 연구 분야는 "마음을 과학적으로 탐구하는 인지 과학(cognitive science)의 일부"이기 때문이다(동시에 인공지능 연구는 컴퓨터 과학의 일부다)(천현득, 2018: 141). 그렇다면 '마음을 과학적으로 탐구'한 결과는 무엇일까?

사고 실험, '슈뢰딩거의 고양이'

이제 과학에서도 '인간의 마음에는 뭔가 특별한 것이 있다'는 주장이 나온다. "인간의 마음은 양자 역학(물리학)

을 넘어선 특별한 존재"라는 것이다(야무챠, 2011: 149). 이는 영원 철학의 입장에 부합하는 주장이다. 긴 설명이 필요한 주장이지만, 짧게나마 풀어 보면 이렇다. 혹시 '슈뢰딩거의 고양이' 얘기를 들어 본 적 있는가? 이 사고 실험을 이해하기란 꽤 어렵지만, 그 핵심적인 메시지는 간단하다. 완전히 밀폐된 상자 안에 고양이 한 마리가 있다고 가정한다. 거기에는 청산가리가 든 병이 있고, 망치와 방사성 물질, 계수기가 들어 있다. 만약에 방사성 물질이 붕괴하면 계수기가 이를 감지하게 된다. 그러면 망치가 병을 깨뜨려 청산가리가 유출되고 고양이는 죽게 된다는 얘기다. 그런데 밖에 있는 인간은 안을 들여다볼 수 없기 때문에 상자 안에 방사성 물질이 붕괴되었는지 아닌지 모른다. 그래서 양자 역학에서는 "방사성 물질의 붕괴 여부는 관측되기 전까지 확률적으로만 존재"한다고 주장한다. 이에 고양이의 상태 역시 "관측 전까지는 살아 있는 상태와 죽어 있는 상태가 중첩(重疊)되어 있다"고 설명하고 있다. 이 마지막 구절을 잘 보자.

이해가 되는가? 아마도 이해할 수 없는 부분은 "인간이 관측하기 전까지는 고양이가 죽은 것도 아니고 산 것도 아니라는" 기괴한 설명일 것이다. 어떻게 죽음과 삶이 중첩될 수 있다는 말인가? 단지 눈으로 확인만 안 했을 뿐이지, 상자 안의 고양이는 죽어 있거나 살아 있는 것이 아닐까? 논쟁에 논쟁을 거듭하고 있는 사안이지만 거두절미하고 본론만 말해 보면, 다음과 같다.

> • 양자 역학이 정말 옳다면 마이크로 물질은 쭉 '가능성인 채로만' 존재하며 위치 같은 상태가 정해지는 일은 없다.
> • 인간이 관측하면 물질의 상태는 정해진다!
> • 인간이 관측했을 때만큼은 … 어쩌면 인간의 '마음'이 '다중으로 존재하고 있었던 고양이의 상태'를 결정한 것은 아닐까? 결국 우리의 마음에는 '복수의 가능성 중에서 하나를 선택할 수 있다'는 미지의 힘이 숨겨진 것은 아닐까!?(야무챠, 2011: 147~149)

이는 '컴퓨터의 아버지'라 불리는 폰노이만(John von Neumann, 1903~1957) 박사의 해석이다. 그는 "마음이나 의식과 같은 현대 물리학에서는 이야기할 수 없는 뭔가가 가능성의 결정을 이끌어 내고 있다고 진심으로 주장"한다. 즉 노이만 박사의 경우 물질의 가능성을 결정하는 그 무언가는 바로 '마음'이나 '의식'이었다. 그리고 그는 이것을 '추상적 자아'라고 부른다(야무챠, 2011: 148). 그가 인간의 마음을 특별한 존재로 간주하고, 이를

'추상적 자아'라고 부른 것은 인간의 마음속에는 "숨겨진 미지(未知)의 힘"이 있다고 보았기 때문이다. 이는 영원 철학의 존재론에 정확히 부합하는 견해다(인간의 마음과 인공지능의 마음은 똑같은 것이 아니라는 뜻이다. 장차 슈퍼 인공지능이 등장한다고 가정하더라도 인간이 훨씬 더 영적일 것이다. 왜 인간이 관측하면 물질의 상태가 정해질까). 그런데 '아직 알지 못하는 미지의 힘'이 대체 무엇일까? 왜 인간의 마음에는 '복수의 가능성 중 하나를 선택할 수 있는 힘'이 주어진 것일까?

필자가 보기에, 이 말은 소강절의 발언과 크게 다르지 않아 보인다. "온갖 조화, 온갖 일은 모두 마음에서 일어난다. 내가 종일토록 말한 것이 이것에서 벗어난 일이 없다"라는. 사실 '마음[心]'에 대한 이론적 탐구는 비단 소강절뿐만 아니라 수천 년 역사의 불교에서도, 성리학[성즉리]이나 양명학[심즉리]에서도 핵심 주제였다. 그것이 이른바 '심성론(心性論)'이다. 가까이로는 조선 왕조 내내 퇴계, 율곡 같은 유학자들은 인간 존재의 양상을 '심(心, 마음)'과 '성(性, 본성)'을 중심으로 연구해 왔다. 이렇게 보면, 동양의 현자와 현대 과학의 목소리는 같은 것이 아닐까 싶다. 그들은 이구동성으로 말한다. 우리 인간 마음의 힘은 실로 위대하다고! 마음에 무언가 오묘한 이치가 있기에 그걸 수백, 수천 년 동안 탐구해 온 것이 아니겠는가. 그러고서도 우리는 아직 마음의 실체가 무엇인지 모른다.

마음 중심의 포스트휴먼 문명

인류가 수천 년 동안 탐구해 왔지만 아직도 모르는 것이 마음이 지닌 오묘한 이치다. 자! 그렇다면 과학이 고도로 발달한 미래 문명에서도 '마음'에 대한 논의는 계속되지 않겠는가? 지금 이 순간에도 기계는 점차 인간화되어 가고(인간의 외모를 지닌 휴머노이드 로봇), 인간은 점차 기계화되어 가고 있다(사이보그). 종내에는 포스트휴먼의 시대가 도래할 것이다. 그 포스트휴먼의 구체적인 형태와 특성이 무엇이 될지는 모르지만, 그때는 어디까지가 인간이고 어디까지가 인간이 아닌지 경계가 흐려질 것임이 분명하다. 그러면 묻게 된다. "인간과 인간이 아닌 것의 차이가 뭐냐고?" 하지만 답은 이미 나와 있기에 굳이 새로운 이론을 만들 필요가 없을 것 같다. 3천 년 역사의 영원 철학은 아마도 이렇게 답할 것이다[미래의 챗지피티(ChatGPT)에게 이 질문을 했다고 가정해 보겠다. "양자 간의 차이가 뭐냐? 영원 철학의 관점에서 답하라"라고 묻는다면 아마도 이런 답이 나올 것 같다]. "인공지능이 인공지능인 까닭은 고도의 지능을 지녔기 때문이고, 이는 인간의 마음과 같은 것은 아니다. 하지만 심적 존재라는 점에서는 인간과 같다. 인간은 영적 존재로서 초월적인 마음의 힘을 지닌다. 이는 슈퍼 인공지능도 가질 수 없다." 혹여 (워낙 똑똑하고 모르는 게 없으니) 챗지피티가 이런 말을 덧붙일지도 모른다. "참고로, 소강절의 '신들린 점괘' 사건은 가짜 뉴스가 아니다. 슈퍼 인공지능조차도 흉내 낼 수 없는 인간이나 신의 초월적 능력에 속한다." 말 나온 김에 필자도 점(占) 한번 쳐 볼까. '우리가 지금 어떤 변혁기를 맞이하고 있는지?' 지혜를 구해 보자. 자! 먼저 몸을 청결히 하고 마음을 고요히 한 다음 간단히 동전 세 닢을 던져 본다[일명, '척전법(擲錢法)'이다]. 결과는? 중화리(重火離, ䷝) 괘에 3효가 동한다! '중화리'라면 온통 '불[火]'이라는 건데, 지금 지구 온난화, 기후 위기 애긴가. 그렇다면 괘의 뜻은 뭐지? "리(離)는 바르게 함이 이로우니, 형통하니, 암소를 기르면(온순하게 하면) 길하리라"다. 좋다! 뭔가 아주 좋은 일이 있을 듯하다. 어! 그런데 3효는? "구삼(九三)은 해가 기울어질 때의 걸림이니, 질그릇을 치고 노래하지 않으면 크게 기울어지는 (큰 노인의) 슬픔이 있을 것이다. 흉하리라"(대유연구소, 2008: 111~112). 이건 뭔가 크게 꺼림직하다. 늙어 죽을 운명의 노인이 슬픈 법인데, 이 노인을 슬프게 하지 않으려면 질그릇을 치면서 노래도 불러야 흉하지 않단다. 아마도 '큰 노인'은 세상일을 훤히 아는 사람일 것이다. 그를 슬프게 하지 않으려면 급변하는 세상에 미리 준비하고 대처하는 자세가 필요하다는 뜻일 것이다.

그렇다면 장차 슈퍼 인공지능이 실제 출현하고 인류 역시 '탈인간(Posthuman)'하더라도 '마음이 뭔지'에 대한 논의는 계속 이어지지 않겠는가? 그리고 지금까지 그래 왔듯이 마음공부 역시 계속되어야 하지 않겠는가.

일본의 사업가이자 작가인 야무챠(飲茶)는 그의 책 끝맺음 말을 괴테(Goethe)의 어구를 인용하여 마무리한다. 오랫동안 필자의 뇌리에 맴돌았던 그 글귀를 이 글에서도 인용하며 마무리한다.

> 2천 년을 풀 수단을 갖지 못한 자는 어둠 속에서, 미숙한 채로 그날그날을 살아갈 것이다(야무챠, 2011: 285).

참고문헌

네이버 국어사전. https://dict.naver.com

대유연구소(2008). 《손에 잡히는 주역인해》. 대유학당.

야무챠(2011). 《철학적 사고로 배우는 과학의 원리》. 김은진 옮김. Gbrain.
천현득(2018). "인공지능은 감정을 가질 수 있을까". 이중원 외. 《인공지능의 존재론》, 137~176쪽. 한울엠플러스.

허훈

한국연구재단 소속 인문사회 학술연구교수로서 과제 수행 중이다. 서울대학교에서 윤리 교육을 전공해 교육학 석사 학위를 취득했고, 성균관대학교 동양철학과에서 한국 철학을 전공해 박사 학위를 받았다. 국제음악예술대학, 중앙대학교에서 강의했고, 기업체나 교육 기관, 학회, 대학원에 출강해 동서양 철학과 심리학, 한의학 워크숍을 진행했다. 현재 인공지능의 할아버지로 불리는 라이프니츠 철학에 관심을 갖고 공부하고 있다. 국내에서는 처음으로 영원 철학에 관한 단행본 서적을 출간하고, 특이점 이후 초래될 수 있는 심각한 인공지능 윤리 문제의 해법을 영원 철학에서 모색하는 논문을 발표했다. 대표 저서로 《동무 이제마의 철학 사상》(2008), 《마음은 몸으로 말한다》 (2010), 《한눈에 보는 세계 철학사》(2015) 등이 있다. 《동무 이제마의 철학 사상》 은 2009년 대한민국학술원 우수학술도서로 선정되었으며, 《한눈에 보는 세계 철학사》는 2015년 한국출판산업진흥원의 우수 출판콘텐츠 지원 사업 당선작이다. 영원 철학에 관한 저서로는 《영원한 철학》(2013)이 있다. 인공지능 관련 서적과 논문으로는 《특이점과 슈퍼인공지능》(2025)과 “AI의 영원 철학적 접근: 존재의 대둥지와 AQAL 프레임을 중심으로”(2020), “인공지능 철학 관련 연구의 비판적 고찰: 통합이론 ‘사상한(四象限)’과 관련하여”(2020)가 있다.

인공지능총서는 우리 생활의 모든 분야에서 일어날
AI의 영향과 변화를 분석합니다.

학교로 들어간 AI
인공지능 앞에 선 CEO
야구와 AI
생성 AI와 데이터, 돈, 사람
생성형 AI 프롬프트 디자인의 이해
인공지능과 저작권
인공지능의 역사
AGI, 인공일반지능의 이해
디지털 마케팅과 인공지능
AI와 디자이너의 변화
AI 자율주행
AI로 PR하기
AI와 스포츠
AI와 공공 데이터
상권 분석과 AI
AI 싱킹과 협업 지성
AI와 뉴스
AI와 사회복지
정치와 AI
AI와 직업 빅뱅
인공지능 특허 확보 전략
골프와 AI
AI 채용과 해고
종교와 AI
AI와 스마트홈
규제된 AI
AI 시대의 글쓰기
AI 시대의 PD
대화형 컴퓨팅
인공지능, 트랜스휴먼, 사이보그
AI와 패션
AI 교육의 이론과 실제
LLM, 거대 언어 모델의 이해
AI 필로소피 인사이트
범죄와 AI
AI로 영화 글쓰기
AI와 예술
AI와 정치의 변화
박물관과 AI
농업과 AI
AI와 콘텐츠 스타트업
인공지능 핵심 쟁점

헌법과 인공지능
AI와 중등교사
AI와 영상 제작
AI와 의료 임상
탄소중립도시와 인공지능
AI 비즈니스, 생명 가치 경영으로 전환
인공지능 시대의 지식과 학습
전문성을 탑재한 AI
AI와 직업 교육의 변화
AI와 영화미술
AI와 화학 물질
인공지능 거버넌스
인공지능과 콘텐츠 비즈니스
AI 로봇 윤리
시각예술과 인공지능
AI 기반 미래 융합 기술
초거대 언어 모델과 비즈니스 문제
교육과 학습을 지원하는 생성형 인공지능
AI 규제법
AI와 감성·경험 데이터
AI와 창작 패러다임의 전환
AI 에듀테크와 행동과학
AI와 디지털 휴먼
AI와 책임
AI와 제조기업의 지속 성장
AI와 광고 영상 프로덕션의 변화
AI 안과 밖에서 젠더
생성 AI 시대의 융합 교육
인공지능의 도덕적 지위
AI 미디어 리터러시 교육
AI 에이전트와 사회 변화
인공지능과 창작자들
CEO를 위한 생성 AI
AI 디자인, 개념과 과제
영화 속 인공지능
스마트공장 인공지능 활용 전략

(인공지능총서는 계속 발간됩니다.
전체 목록은 QR 코드에서 확인하세요.)

당신 손에 쥔 것은, 전체 지도 중 한 조각입니다.

값 12,000원
commbooks.com

ISBN 979-11-430-0792-6